青木恵子
AOKI KEIKO

# 冤罪・東住吉事件

# ママは殺人犯じゃない

インパクト出版会

## 第3部　雪冤への歩み　里見繁

# 第1部

# 事故が事件にされるまで

第1部は判決確定後、大阪拘置所および和歌山刑務所にて書かれた一九冊の獄中ノート、裁判での上申書などを現時点で加筆修正し、再構成したものである。

# 火災事故当日

一九九五（平成七）年七月二二日（火）は、朝から雨が降っていました。

私はいつものように午前五時三〇分から六時の間に起き、朴さんのお弁当、娘と息子の昼食を作りました。六時五〇分位に朴さんを起こし、朴さんは仕事に出かける準備をして、七時過ぎに軽ワゴン車で家を出ました。

その間、私は洗濯物を干したり片付けをしていたところ、七時四〇分頃にめぐちゃん（娘）が起きてきたので、朝食、昼食の説明をして、「ママは仕事に行くからね」と伝えました。七時五〇分頃、自宅を出て駐車場まで歩き、自分がいつも使っているシビックに乗って浪速区の配達所に行きました。配達所に着いたのは八時一五分頃でした。

配達が終り、自宅に帰ったのが午後〇時五〇分くらいでした。その日、夏休みになったばかりで自宅には娘、息子と、娘の友だちが遊びに来ていました。娘か息子のどちらから聞いたのか記憶にありませんが、「パパから電話があって、ママが帰ってきたら電話して」と言いました。私は、すぐに朴さんの携帯に電話をかけました。

私「なんか用事？」

朴さん「今日、配達に行ってきたん？」
私「今日、雨が降っていたけれど配達があって、雨のなか配ってきたから、びしょびしょに濡れてしまったわ」
朴さん「めぐちゃんが貯金箱のセットを買いに行くって言ってるけど、一人で行かしたらあかんで。明日一緒に買いに行こう。いちおうめぐちゃんにもあかんって言ってあるけど、もし友だちも一緒に行くんやったら一緒に行ったらいいし」
私「めぐちゃんにそう言うわ。今日、友だち、泊まるかもわからへん」
朴さん「ふうん」
私「今からお風呂をわかして入るわ。雨で濡れたから風邪をひきそう。Mさん（生命保険の調査員）が三時頃にくるしね」
朴さん「そしたら早くお風呂に入り」

このような会話をして電話を切りました。そのあと、私の友人からも電話があったと聞き、友人に電話をかけましたが不在でした。それから、私はお風呂に入ったり、昼食を食べたり、子供たちの宿題を見たりしていたところ、二時三〇分頃に別の友人から電話がかかってきて、二、三〇分ぐらい話して切ったあと、保険会社の調査員の方が来られて五分か一〇分ぐらい話をして帰られました。

その後、六畳間でテレビを見ていましたが、四時過ぎ頃に、娘の友だちが泊まらずに帰ることになり、娘に「送って」と言うので、私は、「今日は雨が降ってるから、自転車では危ないから車で送っていくわ」と言って、娘、息子を連れて、娘の友だちを自宅の前まで送り、再び駐車場に戻ってきたのが車の時計で四時三八分でした。そこから徒歩で自宅に着いたのが四時四三分頃だったと思います。

自宅の前に立った時、玄関の三枚戸のガラス部分に軽ワゴン車が映っていたので、朴さんが帰っていることがわかりました。私は、いつもの癖で鍵を差し込んだところ、戸が閉まったため、はじめから鍵は開いていました。それで戸を開けてガレージ（玄関土間）に入ると、朴さんは車の運転席に座って荷物の整理をしていたので、私は朴さんの顔を見て、「もう帰ってたん、早かったんやね」と言い、朴さんは車から下りてきて、娘と息子に続いて六畳間に上がっていきました。

私は玄関の鍵を閉め、私と子供たちの傘を壁に掛けてから、六畳間に上がろうとした時、パンツ一枚姿の朴さんとすれちがいました。朴さんは、ガレージに下りていきました。私は、六畳間にある堀コタツのテレビの前あたりに、娘は私の左横に座り、二人で話をしていました。息子は階段の下にある押入れのあたりに座ってゲームボーイをしていました。

しばらくして気がつくと、朴さんが衝立の所に手を置き顎をのせて立っていました。私は「お風呂とご飯、どっちを先にする」と聞きながら、すでに私はお風呂に入っていたので、「先にお風呂を片付けてしまったら」と言うと、朴さんも「そうしよか……」というので、私は「めぐちゃん、お風呂に入りや」と娘に言いました。もともと私の家では、全員でお風呂に入る習慣でしたし、めぐちゃんはお風呂に入るまでに時間がかかるため、先

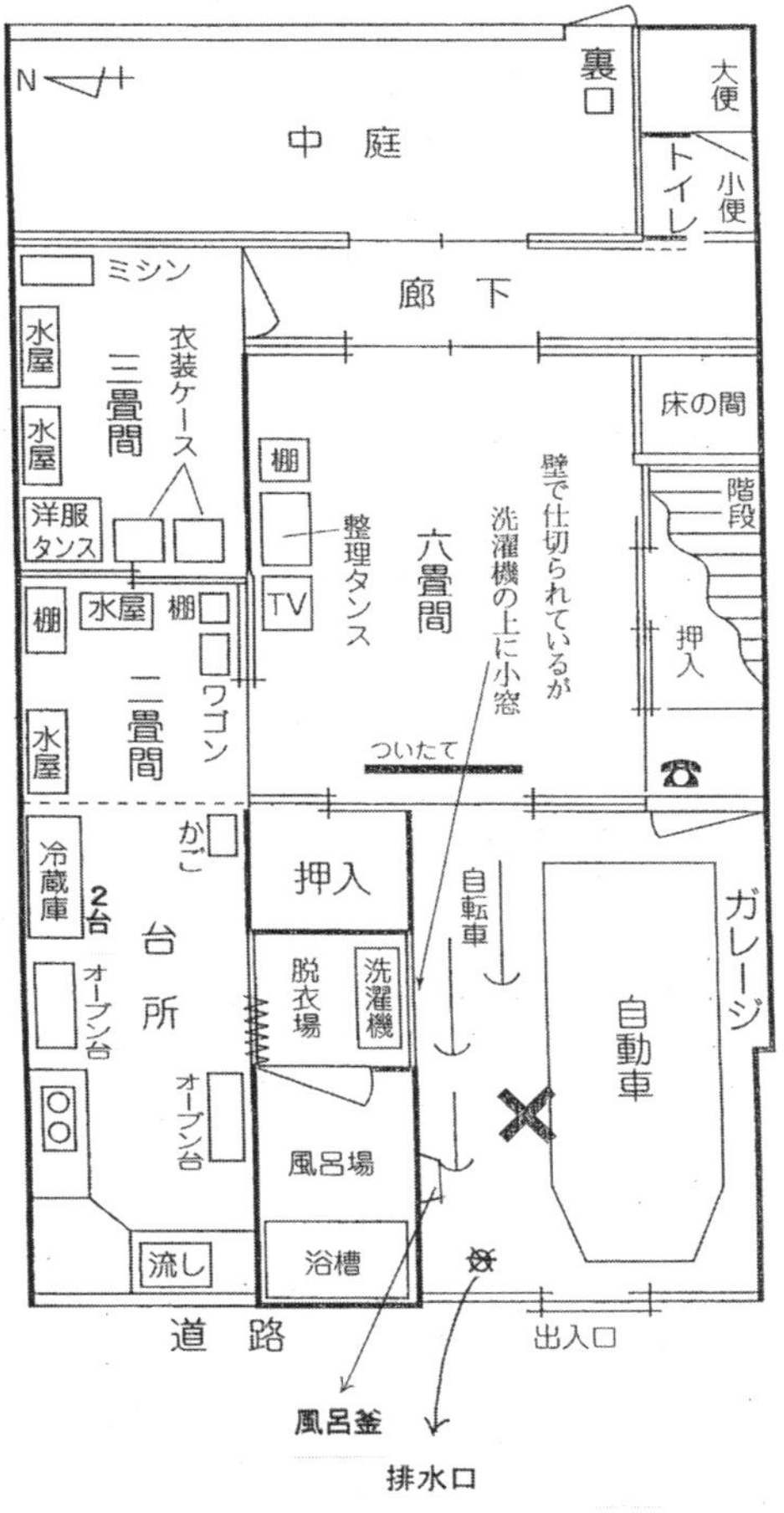


火災のあった家屋

左が北。×印が最初に炎が目撃された位置。風呂場へは六畳間から台所を通り、脱衣場経由で入る。2階は六畳間が二部屋。

に、準備をさせることから、言ったのです。

娘は、トイレに行ったり、髪の毛のゴムをはずしたりした後、下着類を持ってお風呂場に行きましたが、着ていたワンピースを洗うかどうか聞きに戻ってきたので、私は「洗わなくていいよ」と言い、そのワンピースを朴さんが受け取り、衝立に掛けました。再び娘は、お風呂場に行きました。なぜめぐちゃんが服のことを聞きに戻ってきたのかというと、私の家では洗うものは脱いだらそのまま洗濯機に入れる習慣になっていたので、めぐちゃんは洗うかどうかを聞きにきたのです。

その後も、私と朴さんは、一日あったことなどを話していたのですが、私が「もう、そろそろお風呂に入った方がいいんとちがう」と朴さんに言ったところ、「そうやな」と言い、左の方を向いてお風呂場の方へ行こうとしたときに、朴さんが「なんや、あれ」と言ってガラス戸を開けて玄関土間兼ガレージに下りていきました。私は朴さんの声に驚き、座っていた場所から立ち上がって衝立の向こう側に行ってみるとガレージに止めてある軽自動車の前輪の少し後ろあたりに二、三〇センチのまるい水たまりの真ん中にローソクみたいな火がついているのが見えました。

私は「なんでこんなところから火が出てるん」と言うと、朴さんは「けいちゃん、水、水」と言うので慌てて台所に行き、食器をつけておくための水の入った桶を持ち、お風呂場のところで「めぐちゃん」と声をかけて、そのまま火の出ているところへ戻り、火をめがけて桶の水をかけました。

すると、火は一瞬ボワッと横に広がったので私は驚き、桶を放って119番に電話をかけました。その時、息子は衝立のところから「めぐ、めぐ」と娘に声をかけていました。

朴さんは、私に「水」と言ったあと外に出て行ったようで、その後の行動はわかりません。私自身、火を消すことで精一杯だったため、周りのことにまで気が回りませんでした。

私が、(119番)電話で、住所、氏名を言って、「家が火で燃えています。ガレージに止めてある車のところから火が出てます」と話してる最中に、ボーン、バーンと大きな爆発音が二回したため、私は、ビックリして「早く来て下さい」と言うと、いつの間にか側に来ていた息子も受話器に向かって「早く来て下さい」と叫んでいました。

電話を切ってからの行動については、先程の爆発音で驚いたことで頭の中が真白になり、パニック状態に陥って、ところどころの記憶しかありません。まず、私は裏庭に行き露地に出るための裏木戸を開けに行ったのか、六畳間の押入れの所で娘が出てくるのを待っていたのか、どちらが先だったのかは記憶にないのですが、すでに台所は煙で冷蔵庫も見えない状態でした。

この時私はその状態に何も考えられず、ただただ「どうしよう、どうしよう」と思い、声も出せず、その場に呆然と立ちすくんでいました。それでも母親として、心の中ではめぐちゃんが早く出てくることだけを願っていました。

もし私がめぐちゃんの所に行けば、Sちゃん（息子）も付いて来るため行くこともできず、どうしたらいいのか、突然の火災で冷静に判断することができなかったのです。

その後私は、これ以上ここにいると危ないと思い、Sちゃんを路地裏に連れて行って、そのあと、私は、めぐちゃんの所にもどるつもりでした。とりあえずSちゃんをおんぶして路地裏に出て、すぐSちゃんを降ろすためにその場にしゃがみこむと、力が抜けてしまい、声も出せませんでした。それだけ私は気が動転し、どうしたらいいのか分からなかったのです。このときの行動は、その立場に立たされた者、火災にあった者にしかわからないと思います。


しばらくして、隣りの家の屋根に立って「大丈夫？」と呼ぶ朴さんの声が聞こえたので、私は立ち上がって「私とSちゃんは大丈夫、めぐちゃんが中にいてる」と言うと、朴さんは表の方に下りていきました。だから、私は、すぐにめぐちゃんが助け出されるものと思い、ホッとしたのです。私は消防署の人に、「そこにいたら危ない」と言われたので、仕方なく、息子をおんぶして路地を通り表に出て自宅の前に行く途中、近所の人に呼び止められ「お父さんのところに電話しなさい。何番」と言われましたが、私は「いい、めぐちゃんが気になるから」と言い、また、Sちゃんに「ここにおらしてもらう?・」と聞くと、息子が「いや」と言うので、私は息子をおんぶして自宅の前まで行きました。そして朴さんに「めぐちゃんは」と聞くと「まだ、中にいる」と言うので、私はビックリして、その場で「お風呂場にいてるんだから、そこの壁を破って入ったら、すぐやん」と誰に言うのでもなく言いました。

しばらくして、台所の窓から娘は助け出されました。

救急車の中で、めぐちゃんは酸素マスクをつけられて、人工呼吸をしてもらっていました。私はめぐちゃんの足を擦って「めぐちゃん頑張って」と言いました。その時、めぐちゃんの足が動いていたので、私は助かるものと信じていました。その後、私にとっては長い時間、救急車が止まっていたように感じましたが、やっと救急車が動きだして阿倍野区にある市大病院に運ばれました。

病院に着くとすぐめぐちゃんは治療室に運ばれて、私、Sちゃん、朴さんはその近くにある椅子に座っていたところ、はっきりとはわかりませんが、消防署の人や刑事にいろいろと話を聞かれて、朴さんが答えていました。

しばらくして私は吐き気や寒気がしてきてベッドのある部屋に移り、酸素マスクをしてもらってベッドに横になりました。またSちゃんも私の隣りのベッドで寒い寒いと言って、看護婦さんに毛布をかけてもらっていました。

その後、私は少しおちつき、めぐちゃんのことが気になって看護婦さんに「めぐちゃんは」と聞くと、看護婦さんは「大丈夫ですよ、心配しなくても、先生がめぐちゃんをみてくれているから、お母さんはここにいてください」といつも同じような返事だけで、はっきりと病状を教えてくれなかったため不安な気持ちが膨らんでいき、本当にめぐちゃんは大丈夫なのかな、まさか死ぬなんてことはないよねと、どんどん悪いように考えてしまい、おかしくなりそうでした。

そんな時、朴さんが様子を見に来たので「めぐちゃん、どうしてるの」と聞くと、「今、いろいろな治療をしてもらっている」と言うのを聞いてほっとしたところに、警察が「火事のことについて聞かせて欲しい」と言ってきたので、私は少し答えていました。しかし、火事のことを想い出すと吐き気や身震いがしてきて、答える力もなくなったため、警察も「無理やな」と言い、出て行きました。朴さんも「めぐちゃんとこ行って見てくる」と言い、出て行きました。

さらに、とても長い時間が過ぎていき、朴さんが何も言いにこないためますます不安を感じて、いてもたってもいられなくなりました。私が、「めぐちゃんのところへ行く」と言ってベッドからおりようとすると看護婦さんに「お母さんは、ここにいて下さい」と止められて、動く気力さえ失って、ベッドに座っているところ、やっと朴さんが来てくれました。

でも朴さんの様子がおかしいため、私が「めぐちゃんは」と尋ねたところ、「めぐちゃん、死んだ」といわれて、私は自分の耳を疑いました。「えっ。めぐちゃんが死んだ。死んだん。なんで」と、声にもならず、その衝撃的な言葉に全身の力が抜けていき、何が起こったのかも分からなくなりました。私にとって、あまりにも受け入れがたい悲しみだったので、涙が流れることもなく、放心状態となり、「めぐちゃんが死ぬわけがない。ウソ」って思い込むために、自分自身に言い聞かせていました。

その後、実家に帰ってからも放心状態は続いていたものの、いったいどこから火が出たのか、なぜめぐちゃんが死んでしまったのかと考えたり、火事のときのことを想い出そうとすると、急に吐き気が襲ってきて気持ちが悪くなり、泣き出しては「なんでめぐちゃんが死ななあかんのよ」と朴さんに答えを求めようとしましたが宥められるだけでした。

また、私の両親からは火事の原因やめぐちゃんをすぐに助け出せなかったことについて聞かれましたが、私たち自身もなんで火事になったか分からず、言い返す言葉もなく辛かったです。

しかし朴さんが火事の状況などについて一通り説明してくれましたが、それでも両親から「先に子どもを助けにいかんとあかんわ」などと言われ、どう話しても納得してもらえない悔しさから、私たちは何も言えず黙るしかありませんでした。

そんな時、実家まで「話を聞きたい」と言って警察がきて、私たちは落ち着く間もないまま、警察の車で東住吉署に行き、別々に事情聴取を受けました。私は火事の状況について聞かれましたが、火事から数時間しかたってないこともあり気が動転していたし、めぐちゃんのことを聞かれると涙が流れ、吐き気もして気持ちが悪くなり、胸が締め付けられる思いになって、「なんでこんな時に、この人たちは平気な顔をしてめぐちゃんのことを聞けるのかな。人の悲しみなど考えもしない冷たい人たち」と心の中で思いつつも、私の覚えている範囲内で話をしましたが、精神的・肉体的には、とても辛い時間でした。

事情聴取が終わり、刑事の車で実家に戻ったのは真夜中でした。私は「なんで火事になったん。あれだけ火元には気をつけていたのに、おかしいやん。めぐちゃん、なんで出てけえへんかったんかな。私がすぐめぐちゃんとこ行ってたら、こんなことになってなかったのに」と言いながら泣き崩れました。

横になって目を閉じても眠れるはずもなく、頭の中では火を見たときのことや、めぐちゃんが死んでしまったことがどうしても信じられず、「ああ、あの時にこうしていれば」、「Sちゃんを連れて煙の中に入って、一緒に死ねば良かった」などと悔やみだすと涙が止まらず、自分だけが生きていることが耐えきれなくなりました。

## 逮捕されるまで

七月二七日の早朝、親戚の人から「おはよう朝日（テレビ番組）で火事の原因は放火だと言っていた。新聞にも載っている」と電話がありました。私たちがあわてて新聞を買いに行くと「放火と断定」との見出しの記事がありびっくりしました。午前中に刑事が来たときに確かめたのですが、違ったようでした。私は記事に振り回されて火事がよみがえって、精神的にも疲れました。午後から火災現場に行き、使用できるものとできないものをビニール袋に分けていました。近所の人たちは遠くからその様子を見ていて、すごく気まずい雰囲気を感じました。また道で突然会った人が私を見ると驚いてしまい、私も挨拶やお葬式のお礼を言えず、白い目で見られているようですごくいやな思いをしました。

七月三〇日は、私と朴さんは一日中、東住吉署で事情聴取を受けました。あとで朴さんが、「八尾刑事から僕が重要参考人でけいちゃんが共犯者やと言われたわ」と言うので、私はびっくりしてしまいました。

七月三一日に、私は自転車の後ろにSちゃんを乗せて買い物に行ったところ、突然Sちゃんが「パパって本当のパパじゃないん?」って聞いてきたのでびっくりして「なんでそんなこと聞くん?」というと「八尾刑事が言うてた」と言う。「八尾の言うことなんか気にせんでもいいから」と流しましたが動揺し、心が重くなりました。八尾刑事に対しては、Sちゃんによけいなことを話されて腹が立って仕方ありませんでした。ですから八月二日に母親とSちゃんが事情聴取を一日中受けたのですが、八尾刑事が電話をかけてきた時と迎えにきた時に「Sちゃんには朴さんが本当の父親ではないということを、絶対に言わないでください」と、念を押して頼みました。しかし八尾刑事が話さないという保証はないため、このことでも神経がすり減っていきました。

朴さんが事情聴取を受けた日のことです。朴さんが仕事先の住所又は電話番号が間違っていたと言われ、八尾刑事と家に手帳をとりに戻ってきた時のことです。朴さんはすぐに家の中に入っていたので、私と八尾刑事だけになりました。その時、八尾刑事が「どうしたんや、今日はえらい機嫌が悪そうな顔をしてるな」と言ってきたので、「Sちゃんには、大きくなってから時期を見て、私の口から本当の父親のことを話すつもりでいたのに、警察が言うことじゃないでしょう。そんな権利もないでしょう」と怒って言うと、「いずれ分かることや」と言われ、その態度にますます腹が立ちました。そこに朴さんが戻ってきて八尾刑事にメモを渡すと、八尾刑事は何も言わずに車のところまで行き、私たちの方に振り返り、「調べられたら困ることがあるんやろ。首洗ってまっとけ」と大声で言いました。私は「何を調べられても困ることなんかあらへんわ。あとで謝るのはそっちや」と言い返すと、八尾刑事はスライド式のドアを大きな音を立てて思い切り閉め、帰って行きました。私は八尾刑事のその態度に対して頭に血がのぼり、朴さんにも文句を言いましたがよけいに腹が立ってくるだけでした。

そして、めぐちゃんを亡くしてから止まっていた生理も、八尾刑事に対してのあまりの怒りと、朴さんの弱気な態度に、カッカカッカさせられたことで、私はこの日、生理になりました。

ある日、めぐちゃんの学校へ行きました。「お葬式のときに、めぐちゃんのクラスメートの人たちからお花をいただいていたので、お返しとしてシャープペンシルとボールペンのセットを届けて、お礼の言葉を伝えたいのですが」と教頭先生に相談したところ、担任の清久先生に話してくださり、ホームルームの時間にお返しを渡すことが決まりました。

私は前日からお礼の言葉を考えて、当日はメモ用紙を持って、めぐちゃんの教室に行きました。教室に一歩はいると、めぐちゃんと同じ年齢のクラスメートたちの姿が目に入り、またもめぐちゃんの机の上にはお花が飾られていることに強い衝撃を受けてしまい、吐き気がして涙がでてきました。私からの言葉を待っているクラスメートの人たちの視線を感じ、私はメモ用紙を握りしめながら、メモ用紙を見ることさえ忘れて、「みなさん、お葬式の時はありがとうございました。あの子のぶんまで生きてください」というのが精一杯だったため、清久先生が私の気持ちを代弁してくださり、私は頭を下げて逃げるようにして教室を出ました。

教頭先生が職員室の前で待っていてくださり、「また想い出されたんでしょう。同じ年齢だから辛かったでしょうね。私が預かって渡した方が良かったですね」と言いながら、私の背中をさすって慰めてくださいました。

火事の日から犯人とされて逮捕されるまでの五〇日間にはさまざまな出来事がたくさんありすぎて身も心もぼろぼろになり、疲れ果てていました。

仮にめぐちゃんの亡くなった原因について、警察がきっちり調べて報告してくれていたとしても、私は親としての責任を感じ、責め続けていただろうと思います。

それはめぐちゃんに対して「助けてあげられなかった」という気持と「ごめんね」という気持が強くあり、母親として一生「後悔」という言葉を背負って、自責の念を抱きながら生きていくつもりでした。

しかし現実は、めぐちゃんが亡くなった原因も分からないまま、今まで以上に、両親、兄夫婦たちとの仲が険悪になり、警察からは犯人扱いされるだけではなく、近所の人たちが私を見る目まで、「子どもを亡くした母親」から「子どもを殺した母親」に変えられていき、私は精神的・肉体的に追い込まれ、まるで崖っぷちにたたされているような状態で、神経がすり減っていきました。

ですから食べ物も喉を通らず、世間からは白眼視されて、会う人会う人から「あんたが119番せんでも他の者がするんやから、子どもを助けな、どうするんや。水撒く暇があったら、すぐ子どもの所に行って助けるのが当たり前」などと、めぐちゃんを助けられなかったことを聞かれ、責められ、こうした安易な一言一言は、私の胸には矢のように突き刺さりました。

そんな言葉は誰に言われるまでもなく、私自身が一番「ああしとけば良かった。こうしておけば良かった」と思い、後悔し、苦しんだことでした。

また、親戚の人から「まだ若いんだから、また子どもを産めばいい。元気を出して」と言われた時、私は「めぐちゃんが死んだからって次の子どもなんか考えられないし、第一、めぐちゃんの代わりの子を産めばいいとはなんてことを言うんやろ」と、信じられませんでしたし、とても傷つく言葉でした。

それに私としては一日も早く火事の原因について知りたかったため、「車からのガソリン漏れ」と聞けばそのことについて考えますし、「放火」と報道されれば、いろいろな方法を考えて、次から次に耳に入ってくる情報を信じてしまい、心が乱れ、精神的にも参ってしまいました。そのたびに、警察に対しては何をしているのかと、腹立たしく感じていました。

でも、唯一私の心を支えてくれたのは、友人の西山さんが「うちのお父ちゃんなんか、火事の時、ボーッと立ったままで声も出されへんかったけど、あんたは水もかけたし119番もしてSちゃんだけでも助けたんやから偉いわ」と言ってくれた言葉でした。私を責めたりすることなく励まして、ずっとそばにいてくれたことで心が和みました。

またSちゃんも子どもながら傷ついていたのに、私が死のうとしたときには「ママ、死んだらあかん」と言って、私を生気に戻してくれた時、「あっSちゃんもいたんだなあ」と、気がつくぐらい、私の頭の中には、めぐちゃんのことしかなかったのです。Sちゃんには、かわいそうな思いをさせていたのに、小さいながらも守ってくれる姿に「ごめんね」と言い、涙が止まらなくなりました。Sちゃんのお陰で、私は、「死にたい」気持から、「死ねない」という気持ちに、一瞬は変わりました。

ずっと私の頭の片隅には、あの時、Sちゃんも連れてめぐちゃんのいるお風呂場に入っていき、三人で一緒に死んでいれば良かったという思いが消えることなく残っていました。

# 取り調べの日々

**九月一〇日**

九月一〇日日曜日の午前七時頃に警察から電話がかかってきて、「話を聞きたいので準備して下さい。準備ができたら玄関のオートロックも開けて下さい」と言われました。

私たちが出かける準備をしていると、三〇分もたたないうちに警察が来ました。朴さんが玄関のオートロックを開けると、刑事が一人部屋まで入ってきました。

部屋の片付けもしないまま鍵を閉め、マンションの外に出ると、Sちゃんの手を自然に離されて、刑事が一〇人位いて、車が三台止めてあり、私、朴さん、Sちゃんは別々の車に乗せられました。

私が乗った車には、あとで名前が判ったのですが、坂本刑事、今井刑事、運転をする刑事の三人が乗ります。今井刑事は私の姿をみると、いきなり「朴に手錠せえへんかっただけでもありがたいと思え」などと大声で言い、私は何を言ってるのかなと驚きました。

その後、私は東住吉警察署に連れて行かれました。駐車場に入る時、私の母親と二番目の兄の姿が見え、おかしいなと感じました。そして、私が車から降りた時にSちゃんの姿が見えて、私はたぶん母親がSちゃんを連れて帰るんだろうと思いました。

私が連れて行かれたのは、東住吉警察署の二階の一番奥の取調室で、机と椅子が三つあり戸は閉められていました。私の前には坂本刑事が座り、左横には今井刑事が座って名前を名乗り、私に対して坂本刑事はいきなり「正直に言え、お前がやったんやろ」と、私を犯人と決めつけ、私が「やってません」と言っても全く信じてもらえず、逆に私自身、何がどうなっているのかわけがわからず、ただ怖くて脅えるだけでした。

しばらくして、坂本刑事が「朴がめぐにいたずらしてたの、知ってたやろ」と言ってきました。それを聞いた私は、なにをアホなこと言ってるのかな？　と信じられない気持でしたが、さらに坂本刑事は「Sでも知ってるのになんでお前が知らんのやろな」「お前知ってたやろ、三角関係の縺れで、女としてめぐみを許されへんから、殺したんやろ」とか、「取り合ってたんか」などと言われ、私はその言葉にショックを受けてしまい、何も考えられなくなって、頭の中は真白になり、パニック状態でした。

このようなことを言われた時の私の気持は、とても口では言い表わすことはできません。坂本刑事に「同じ部屋の中にいて、お前が知らんわけがないやろ、知ってたやろ、知ってたやろ」と言い続けられ、私は本当に知らなかった、と何度も繰り返して言い続けると、坂本刑事は「ほんまに知らんかったみたいやな」と、一応信じてくれたようでした。

その後、朴さんとめぐちゃんのことは本当ですかと坂本刑事に聞くと、「ほんまの話や」と言われました。

さらに「母親なのに、気づかへんかったんか。めぐから聞かへんかったんか。なんでお前に言えへんかったんやろな。母親失格やな」などと、私が気づかなかったことについても責められました。

それからSちゃんが私の二番目の兄のもとに養子にされることを聞かされました。当時の私は普通の精神状態ではなく、法律の知識もなかったため、私の了解がなければSちゃんを取られることがないということを理解できませんでした。また私のそばにSちゃんがいれば「渡さない」と言えますが、離れていただけに私の知らないところでSちゃんを取られてしまうと思いました。それに私が逮捕されている立場なので、何も言えないとも思っていました。私はSちゃんまで取られてしまうと、もう私には誰もいなくなると思い、生きる気力もなくなっていきました。この時の私は物事を冷静に判断できる状態ではありませんでした。

やがて昼頃になったようで、坂本刑事が「昼食を食べるか」と私に聞いてきましたが、私はめぐちゃんを亡くしてからご飯も食べられず、健康状態も良くなかったうえに、このような取調べを受けているのに食べられるはずもないことから、私は「いりません」と断りました。

しばらくして、クーラーが効きすぎて寒気がし、朝から何も口にしていないせいもあって、気分が悪くなり、吐き気がしてきたため、婦人警官が毛布と新聞紙で作ってあるゴミ袋を持ってきてくれて、しばらく私の左横にいてくれました。

取調べでは、以下のようなことがありました。

オウム真理教の判決が載っている新聞記事の「情状酌量の余地がある」と書かれているところを指で示して、私に「お前の場合、このままやったら情状酌量の余地なしになるで、ええんか……お前も情状酌量をもらわなあかんやろ」と言ってきました。

その後、今井刑事が坂本刑事の耳元で「こんなん、向こうは言ってますわ」などと言い、坂本刑事が「朴は吐いてるぞ、全部認めているぞ」と言って、平野署で取調べを受けている朴さんが書いたというファックスの紙を私の前にチラチラさせました。坂本刑事は「お前のほうが母親やのに、早く、全部話して、ファックス送ってやらなあかんやないか」と言って、私が「やってません」と言うと、私の顔に一〇センチメートル位まで顔を近づけて、「認めろ」と大声で怒鳴ったり、机を叩いたりしてきました。私は、なぜ朴さんがそんなことを言うのかなと、ビックリしましたが、やっていたんだと思いました。

また、坂本刑事から「ガレージに朴が下りて、火をつけたところをSが見てるぞ」と聞かされて、私は、何が真実で何が嘘なのかわけがわからず、もう死のう、私が犯人やったら犯人のままでいい、めぐちゃんの所へ行って聞けば本当のことがわかる、今は、この場所から早く逃げ出したいという一心でした。

そんな私のようすを見て、坂本刑事に「素直に認めたらええんや」と宥めるように言われて、私はうなずいて、認めてしまいました。

それから、坂本刑事が外に出て行き、今井刑事と二人きりになった時、今井刑事が「な、素直に認めたら誰も怒鳴らへんし、話、ゆっくり聞く」などと言ってきたので、私は「本当はやってないです」と言うと、「また、そんなこと言ってる。あの刑事さんにそんなこと言うたらまた怒られるで。もう素直に認めて書いとき」と言われました。

私に、法律の知識があれば、この時点で、「弁護士さんを呼んで下さい、任意同行なら帰らせて下さい」と言ったり、黙秘することもできたと思います。しかし、私はなんの知識もなく、わけもわからずに、怒鳴られる恐怖感から何も言えなくなっていました。そして、刑事の言うとおりに書きはじめましたが、すべてを覚えきれないため、手が止まると、「認めたくない気持ちは分かるけど、素直に認めて書いていかなあかん」と、どちらにしても刑事から怒られるので、私は刑事が言う言葉を聞き逃さず書くのに必死で、言われるままに、一枚の自白書を一時間位かかって書き終えました。

これで、ここから出られると思っていましたが、次から次へと白い紙を渡されて、結局、私は五枚の自白書を書かされてしまいました。しかし、自分が書いた内容も全く覚えていませんでした。このあと取調室も変わり、坂本刑事か今井刑事が「病院に行くか」と言ってきましたが、私は知らない病院に行って注射をされるのが怖いので断わりました。

そして坂本刑事が「弁護士が来てるが、会うか」と言うので、私は「会います」と言って留置場にある面会室に行きました。そこで、はじめて、大槻和夫弁護士と会いました。

今は言葉まではっきり覚えていませんが、先生は「朴さんの方から連絡があって、先にあなたの方へ会いに来ました。あなたはやったのですか」と聞かれて、私は「やってません」と応え、しかしすでに五枚の紙に認めた内容を書いてしまったこと、その理由について、朴さんとめぐちゃんの関係を聞かされたこと、Sちゃんが二番目の兄の所へ養子にやられること、朴さんがガレージに下りて火を付けたところをSちゃんが見ていたと言われたこと、朴さんが認めていることなどを話しました。

先生は「やっていないのなら、明日からは、調書に署名、指印してはいけない、頑張って下さい。私が二人につくわけにいかないので、あなたには、後日、違う弁護士に会いに来てもらいますから、会って下さい。今から、朴さんに会いに行ってきます」と言われ、私は「朴さんが本当にやったのか、めぐちゃんとの関係が本当なのか確かめて下さい」と頼みました。

その後、私は弁護士さんと会ったことで、少し気持が落ち着き、これ以上、やっていないのに認めたらいけないと思い、死ぬよりも頑張ろうと思いました。しかし、私には刑事たちに「やってません」と言う勇気までは、この時ありませんでした。その後、取調室に戻った私は、刑事が買ってきたパンを一かけら食べ、飲み物を飲んで、この長い一日が終りました。

そして、私は留置場に入れられました。同じ房に、女の子が一人いましたが、夜も遅かったから話はしませんでした。私は生まれて初めてこんなところに泊まり、手錠もされて、なぜ私が犯人でもないのにと、いろいろなことが頭の中に浮かんできて、何がどうなっているのか、わけもわからない気持で、Sちゃんのことが心配で眠れませんでした。

## 九月一一日

翌日、朝食が出されましたが、私は食欲もなくおみそ汁を少し飲んだだけです。

午前九時頃から、坂本刑事、今井刑事、婦人警官の明利さんがいる取調室に入り、すぐに私の身上、経歴等の調書を作るために、いろいろと聞かれたことに答えていました。そして、刑事に「弁護士さんが来ているが、会うか」と言われ、私は初めて斎藤ともよ先生と会いました。

先生に「今、何をしているのですか」と聞かれて、私は「身上経歴の調書を作っています」と言いました。

そして、先生に「あなたは、やったのですか」と聞かれ、私は「やってません」と応えました。でも、すでに五枚の紙に認めた内容を書いてしまったことと、その理由についても説明しました。

先生は「自分がやっていないのなら、調書等に指印、署名してはいけない」と言われました。

そして、私が「身上、経歴の調書にも、指印、署名してはいけないのですか」と聞くと、先生は「身上、経歴だけならいいけれど、事件の内容で認めていることが初めか終りに書いてあるので、よく読んで違うことが書いてあれば、指印、署名してはいけません」と言われました。

その後、取調室に戻り、調書をみると最後の所に、めぐちゃんを殺したと認める文章が書かれてあり、私は「やってませんので、指印、署名できません」と言うと、坂本刑事は私の左横にきて、大声で「今頃、何を言うとるんや、お前は。どこが違うんや」と怒鳴られ、私は調書の違う箇所を指差して、「やってません」と言いました。

坂本刑事は「もう検察庁に行かなあかん、時間がない、このまま行ったらいい」と怒っていました。

その後、斎藤先生と東住吉署の留置場と裁判所で会って、先生は「検事と刑事は違うので、自分がやっていないこと、そして、なぜ五枚の紙を書いてしまったのかについて説明するように」と言われました。私は検事と裁判官に「やってません」と言い、五枚の紙に認めた内容を書いてしまった理由を説明しました。

その後、東住吉署の留置場に戻り、面会室で夕食を一口食べて、再び刑事が運転する車に乗り、大阪拘置所に行きました。拘置所に着いて、荷物のチェックが終って、私は独居房に入れられ、この日は、そのまま寝ました。

## 九月一二日

この日の午前中は、入浴をしただけで取調べはありませんでした。

午後から、私の記憶では、河原林昌樹先生と会って、私はやっていないことと、逮捕されてからの状況を話しました。先生は「弁護士の立ち会いがないと、取調べを受けないこと、黙秘権があること」を言われました。

その後、坂本刑事、今井刑事が取調べに来たので、私は、先生から聞いたことを刑事に言いました。それを聞いた坂本刑事は「何を言うてるんや、お前は」と言って、私の左横まで来て、正面を向いていた私を左側に向かせて、顔を近づけて、もう一度、私に「何を言うてるんや」と大声で怒鳴ってきました。そして、私は「黙秘します」と言ってこの日は何も話さないで、午後八時三〇分から午後九時頃まで取調べがありました。

**九月一三日**

この日も午前中に取調べはなく、私はホッとしていました。しばらくして、大阪拘置所の人に呼ばれ、荷物の整理をして、そのまま私は荷物を持って玄関の方へ行きました。そこには坂本刑事、今井刑事が迎えに来ていました。私はどこに行くのかまったくわかりませんでしたが、車に乗ると、婦人警官もいて、坂本刑事に「勘違いしたら、あかんぞ、釈放と違うぞ」と言われて、私は東住吉署に連れて行かれるとわかり、また長時間の取調べが始まると考えただけで恐怖心でいっぱいになりました。

東住吉警察署に着くと、そのまま取調室に連れて行かれました。坂本刑事が書類を見ながら声を出して読み上げ「弁護士の言うことは何も裁判所は認めへん。信じないんや。警察の言うことだけを裁判所は信じるんや。弁護士が何を言っても信じてくれない」と私に言ってきました。

それを聞いて、私は何がどうなっているのかわけがわからず、また、東住吉警察署に戻されたので、まるで坂本刑事が言ってることが本当のように聞こえてきて、私は不安な気持になりました。

それから、坂本刑事に「弁護士が記者会見してたぞ。お前、知ってたんか」と言われ、私は前日に斎藤先生から説明を聞いて知っていましたが、そのことで、また坂本刑事に怒鳴られることが怖く、斎藤先生には申し訳ないと思いながら、私は「知らない」と嘘を言いました。

すると坂本刑事は「弁護士は自分の名前を売るためや。金目当てや」などと弁護士さんの悪口を言って、私が弁護士さんを信じられなくなるようなことも言ってきました。この頃の私は、弁護士さんを完全に信用していなかったことから、刑事たちにいろいろと言われるたびに不安な気持になっていました。しかし、この日は調書等、一切作成しないで黙秘を続けました。取調べは午後一一時頃まで続いたと思います。

## 九月一四日の自供書三枚について

午前九時頃から取調べが始まり、坂本刑事、今井刑事の二人でした。

私は、何を言っても一切信じてくれない刑事に対して、「黙秘します」と言って、なにも話しませんでした。そんな私の態度に腹を立てて、坂本刑事は「めぐみが可哀相と思わへんのか、お前は鬼のような母親やな。めぐみに悪いと思えへんのか。素直に認めろ。涙も流さへん女やな」などと、大声で怒鳴り、それでも黙っていると今度は弁護士さんの悪口や、「何人、弁護士を雇うつもりや。費用はどうするんや。弁護士には何でもペラペラ話しているみたいやな」などと言われましたが、私は午前中の取調べに耐えました。

そして、昼食の時間になり留置場に帰った途端、私は今まで辛抱していた悔しさ辛さが込み上げてきたのと、同房の女の子が優しく声をかけてくれたことで思わず泣き出してしまって、涙が止まりませんでした。その頃の私にとっては、留置場は唯一心の安らぐ場所でした。そんな私の泣いている姿を見て、同房の女の子は「刑事が何を言ってきても、自分がやってないんやったら頑張らな。弁護士さんを信用して頑張らなあかん」などと励ましてくれました。

その後、午後一時頃から取調べがあり、私は何を言われても黙秘していたところ、坂本刑事に「聞いてんのか、返事ぐらいせい」と大声で怒鳴られ、それでも黙っていると、私の左横に座っていた今井刑事が「聞こえてるなら、返事ぐらいしろ。なんて女や」などと、私の耳元で言ってきて、さらに「これは怒鳴っているんとちがうぞ。お前が聞こえてへんと思って、大声で言ってやってるんや、裁判になっても、そう証言してやる」と私を侮辱する言葉や、めぐちゃん、Sちゃんの話をしてきました。

そして、記憶がはっきりしないのですが、私は以前からも身体の調子が良くなかったうえに毎日、長時間の取調べで疲れていたことから再び身体の調子が悪くなり、「病院へ連れて行って下さい」と言っているうちに、イスからすべり落ちたのですが、坂本刑事は「何を言うとるんや、めぐはもっと熱い思いをして死んだんやぞ。お前は自分のやったことを認めへんから、しんどいふりして逃げてるんや」などと言い、「しらじらしいことせんと、はよ座れ」と、私を仮病あつかいして、取りあってもらえませんでした。

そんなことがありましたが、それでも午後の取調べにも耐えて、また午後六時から取調べが始まります。私は黙秘していたのですが、坂本刑事が、優しい口調になり、「めぐみが可哀相やろ。なんで助けに行けへんかったんや。助けられへんかったということは殺したことと同じやぞ」などと言われて、私はめぐちゃんを殺してはいませんが助けられなかったことは事実であり、めぐちゃんに対して、いつもごめんねって思う気持からずっと自分自身を責めていましたので、私は辛く悲しくなり、だんだんと気持が弱ってしまい、やはり私が殺したことになるのだと思い込み、これ以上、耐えられない状態に陥ってしまい、私の頭の中では、いつしか死ぬことを考えていました。

そして、はっきりとはわかりませんが、午後八時頃に坂本刑事と二人きりになった時、坂本刑事が私の左横に座って「素直に認めたらいいんや。人間の心を取り戻せ。認めたくない気持はわかる」と言い、「命は心の源」ということわざを出して優しく宥められ、また「警察の言うとおりに、お前が自白書を書けば、すぐこの場から解放してやる」と言われたこともあって、私は再び認めてしまいました。

そして、私は一枚位書いて早く留置場に帰り死にたいと、そのことで頭の中は一杯でした。ですが一枚書いても帰らせてくれず、結局、白い紙に三枚書かされ、やっと留置場に帰ることができました。この時の私は、めぐちゃんを失くした絶望感と自分が捕らわれの身になっている現状から、精神的にも本当にまいっていたと思います。その証拠に、私は生きる術さえ失っていました。めぐちゃん、Sちゃんは、それほど私にとって大切な子供なのです。

突然の火事で、めぐちゃんが死んでしまい、その原因もわからないまま、Sちゃんとも五日間も会えず、毎日どうしているのかと考えるだけで心が痛み、不安定になっていました。この気持は母親でないとわからないと思います。

また留置場に入るのも生まれて初めてのことで、辛く悲しく、部屋の中は不潔で、クーラーが効きすぎて夏でも寒いぐらいでした。私が、なぜこんな所に入らなければならないのかと思うと、情けなくて、ただ涙しか出てきませんでした。

その後、留置場に帰ると看守が「弁護士さんが会いたいと言って待ってはるが、会うか。嫌なら断るで」と言われ、私は、一瞬、先生に会うか悩みました。それはなぜかと申しますと、私自身がやってもいないことを認めて書いてしまったので会うのが辛かったからです。しかし、こんな深夜まで、私を待っていてくれたことを思うと、やっぱり会った方がいいと思い、会いました。

今は、言葉までは、はっきり覚えていませんが、塩野隆史先生が「自供書、自白書を作ったのですか」と聞いてきたので、私は「三枚の白い紙に書いてしまいました」と答えました。先生に「やったのですか、やってないのですか」と大声で聞かれて、私は「やってません。でも、もういいです。これ以上、こんな取調べが続くと、ノイローゼになってしまう。斎藤先生には謝っておいて下さい」と言いました。すると先生は、大声で「やってないのなら、頑張らないといけない。天国にいる娘さんも悲しむよ……」などと言いました。私は一生懸命弁護して下さっていることや、前日には斎藤先生が服などを差し入れて下さっていることを申し訳なく思い、本当に私のことを信じてくれていると、この時、確信できたので、もう一度頑張ろうかなと、気持が変わっていきました。

部屋に帰ると、同房の女の子は心配して起きて私を待っていてくれました。私が嘘の自白書を書いてしまったと話すと、女の子に「本当に犯人やったら仕方がないけど、やってないんやったら、頑張らな。汚名を着せられたままじゃ子供が可哀相や。死ぬのはいつでも死ねる。天国にいる娘さんもかわいそうや、弁護士を信じて頑張り」と言われました。

私は、子供のことを言われて、我に返り、そうだ、めぐちゃん、Sちゃんのためにもやってないのに認めたらあかん、明日からは、絶対に自白をしない、死ぬことよりも、もう一度、頑張ろうと強く心に思いました。

## 九月一五日以降について

一五日は、私の記憶では、午前一〇時からの取調べはなかったとおもいます。私は生理になり朝から吐いたりして体調も悪かったので、留置場の看守が私を迎えに来た刑事に「生理になって、体調が悪いので寝かせてあげてほしい」と、頼んでくれました。そして、私は午前中、留置場で寝ていました。

その後、午後一時頃から取調室に呼ばれました。坂本刑事は、昨日、私が認めたので機嫌が良かったのですが、私が「やってません、黙秘します」と言うと、坂本刑事は「弁護士に、また何かいらんことを言われたんやろ。弁護士も可哀相に、お前の言うことを信じて動いてはるんやで。悪いと思わへんのか」と言いました。それでも、私は黙秘をしていました。

私が生理のため、婦人警官が私の左横に座って付き添ってくれていました。坂本刑事は取調室を出たり入ったりして婦人警官に「生理痛は何日位で治りますか」などと聞いていました。婦人警官も「一日で治ります」と勝手に決めて、答えていました。

この日の取調べは、午後一〇時三〇分頃までありましたが、私は黙秘して調書など一切書いていません。

その後、九月一六日から三〇日まで、毎日、毎日、朝から夜遅くまで厳しい取調べが続きましたが、私は認める調書など一切書かず、ずっと黙秘していました。今は記憶がはっきりしないため何日に何を言われたのかわかりません。しかし、私が言われた言葉、されたことは覚えているので記憶にある範囲で書いておきます。

まず、坂本刑事には「毎日、毎日、弁護士に面会来てもらって、お前いくらかかるか知っているか。高い先生やったら、一回三万円位いるぞ。お前、何回来てもらってるねん」と言われ、私が「先生にはお金がないことを伝えてあります。書類にも書きました。お金の心配はしなくていい、と言われました」と言うと、坂本刑事は「お前にはお金いらんと言ってるけど、お前の親や西山（友人）、友だちに電話してお金を払ってほしいと頼んでるで」と言いました。あとで斎藤先生に聞くと「あなたのことで協力してほしいと電話をかけただけで、費用のことは言ってない」ということで、刑事が嘘を言っていたことがわかりました。

私が黙秘していて怒鳴っても反応しないため、白い紙にマジックで「命は心の源」と書き、この意味を説明し壁に貼り、私に「見とけ」などと言ったり、またねぐちゃんの写真も壁に貼って、「見ろ」と強要したり、机の上にめぐちゃんの写真を置き、坂本刑事から「めぐみの写真がまともに見れるか、お前がやってないんなら見れるやろ」と言われましたが、私はめぐちゃんの写真を見ると、辛く悲しい気持になるから写真を見ないようにしていると、坂本刑事は私の首を押さえて「見ろ」と大声で怒鳴っていました。また腰縄を引っぱられたり「立て」と言われて一〇分から一五分位立たされたり、「今日は顔も見たくない、後を向いとけ」と言われたりしました。

坂本刑事、今井刑事が、めぐちゃんのお骨を預けてあるお寺さんに行き、写真を写してきて、私に「これ見てみろ」「お前、めぐの戒名を知ってるか？」と言い、私が「知らない」と答えると「母親やのに、覚えとかなあかん」と言い、何度も言わされたり、「お骨を持ってきたろか」と言われました。

私が捕まる前に取調べを受けた刑事を呼んできて、「この刑事さん、知ってるやろ、話してみ」と言われたり、西森刑事が「Sのために早く帰ってやらな」「病院のベッドにお前を寝かせたりしてSに、会わせてやりたいわ」などと言い、私が子供のことになると弱くなるのを知って言ってきたのです。

また、朴さんを調べている八尾刑事からは「お前、死刑になるぞ」と言われ、私が「死刑でもいいです」と言うと、八尾刑事は「このままいくんか」などと言いました。八尾刑事は、私に対して死刑という言葉を使い、私を不安にさせ、認めさそうと思ったようですが、私は何もしていないんだから、死刑と言われても認めるわけにはいかないので、死刑でもいいですと言ったのです。私の言葉を聞いて、八尾刑事も諦めたのか、すぐ取調室から出て行きました。

また、八尾刑事と検察庁で会った時には、「朴が心配してるで、マンションの保証金のこと、お前の服のこと」などと言って、私の反応を見ていました。私は何を言われても黙って耐えていました。

そして、九月二七日だったと思うのですが、今井刑事が「毎日、こんな黙って、ここにいても仕方がないし世間話でもしよか。お前を毎日出さなあかんのや、上の命令やから」

などと言って、私も初めは話をしていましたが、いつの間にか話が事件のことにつながっていくため、私は世間話もしませんでした。そんな時には、「お前、まばたきもせんと気持が悪いな、お前は麻原か、精神病院に行くか」、などと私を侮辱してきました。

そして、今は記憶にないのですが、私が検察庁で内田検事の取調べを受けた時に「黙秘します」と言ったことが切っ掛けで、九月三〇日に起訴される何日か前から、東住吉署に内田検事が取調べに来るようになりました。このことで、坂本刑事、今井刑事は「すごい女やな、検事を取調べにこさすなんて」などと言ってました。

毎日、午後七時か八時頃から一〇時か一一時頃まで、内田検事の取調べがありました。私は内田検事に対して「やってません、黙秘します」と言いましたが、内田検事は「わざわざ時間を作って、私が来ているのだから、黙秘はしないで、世間話をしましょう。もし、あなたが事件のことを話す気持になったら、話して下さい。私は机を叩いたり、大声で怒鳴ったりしません。あなたが黙秘で、このままいくのであれば、私はあなたの性格をわかっておきたい」などと言われました。しかし、私は検事を信用できないから、あまり話しませんでした。

内田検事の取調べが終ると、坂本刑事が「今日はどんな話をしたんや。事件のことを話したか」と私に聞いてきます。そして、私が「食べ物は何が好きか」などの話をしただけだと言うと、坂本刑事は「何をしに来てるんや。本当に事件の話をしてないんか」と、私が何を話したのか知りたいようすでした。

内田検事が取調べにこないとわかれば、朝から夜遅くまで刑事の取調べを受け、大声で怒鳴られます。だから私は、内田検事に「毎日、来て下さい」と言い、刑事に言われたこと、されたことを話し、「内田検事から刑事に言って下さい」と言ったこともありました。

その後、起訴をされる前日に、内田検事に事件当日の私の行動について、調書は作らないと約束したうえで、一度話をしたことがあります。内田検事は「もっと早くに話してくれていれば。おかしなところがたくさんあるから、いろいろ調べることもできたのに」と言われました。

翌日、私は検察庁に行き、現住建造物等放火、殺人で起訴されました。内田検事は「あなたを完璧に有罪と思って起訴するわけではありません。状況証拠から、まあ、いけるだろうと思っています。そして、あなたがもし無実なら、弁護士さんと頑張って下さい。私があなたの弁護士だったら、闘う方法があります」と言ってきたので、私が「その方法を教えて下さい」と言うと「それは言えません。あなたは、あなたの弁護士と力を合わせて頑張って下さい」と言われました。

その後、坂本刑事が内田検事のところにいき話をしたようで、私に「検事が怒ってたぞ。

お前、検事を怒らせてどうするのや」などと言ってきましたが、内田検事とは前記のような会話をしただけで、坂本刑事が嘘を言って私を動揺させようとしていると思いました。そして、私はこれで取調べが終ると思っていたのですが、保険金を請求したことで、また取調べがあると聞いてショックでした。

坂本刑事は、「お前とは、まだまだ付き合わなあかんな。保険金のことや」と言われ、書類を作りました。私は生命保険を請求したことについては、認めていましたので、その件に対しては答えたりしていましたが、めぐちゃんを殺したと言われてる件については黙秘していました。

そして、内田検事が、毎日、取調べに来ていましたので、刑事たちに怒鳴られるのが少なくなりました。それから、今井刑事に「お前がやってないと言うなら、無実やという調書を書いたるわ」などと言われましたが、私が黙っていると「無実の調書やぞ、認める調書と違うぞ、それも書かれへんのか」と大声で怒鳴られました。

私は、刑事が私の言うとおりの調書を書いてくれるはずもないと思ったから、調書を作りませんでした。そして、今井刑事から「西山や友だちが心配して、俺のところに電話をしてきてるぞ。何て言うんや」などと言われ、私が「何も言わなくていい」と言うと、急に怒りだし、「何も言わなくてもいいとはなんや」と言われて、私にはわけがわかりませんでした。また坂本刑事からは「今まで取調べしてきたなかで、お前だけや、認めへんかった女は。メッキはメッキ、いつかはがれるぞ。嘘はいつかばれるぞ」などと言われましたが、私は本当にやっていないことを認めることはできないと思い、黙っていました。

その後、一〇月一二日頃だったと思いますが、内田検事の取調べが終り、朴さんを担当していた水落検事が取調室に入ってきて、「朴が心配してるぞ。何か伝言があるか」と聞かれて、私は「ありません。朴さんとめぐちゃんのことは本当ですか」と聞き返すと、「本当や」と言ってました。そして最後に、「君は何も話さなかったことで損をしているぞ」と言われました。

翌日、私は検察庁に連れていかれ、詐欺未遂で起訴されました。この日、検察庁の待合室で座っていたところ、ドア付近で八尾刑事と朴さんが覗いている姿が見えました。これはきっと朴さんが私の顔を見たいと八尾刑事に頼んだのではないかと思いました。その後、朴さんはエレベーターに乗り帰って行ったのですが、坂本刑事が「朴の顔が見えたか」と言ってきたので私は「見てません」と嘘を言いました。もし、私が見たと言えば、また何かを言ってくることがわかっていたからです。

すると、坂本刑事は一緒に来ていた刑事に対して、朴を呼んできたってくれなどと言って、その刑事は朴さんを呼びに行きました。また、坂本刑事は「残念やったな」と私に言ってきました。私は、どうして、こんなことまでされないといけないのかと考えているうちに、ただただ悔しい気持になりました。あらゆる手段を使ってまでも、私に認めさそうとする刑事たちが許せなかったです。

私は初めて取調べというものを受けたのでこの時はわかりませんでしたが、その後、長い拘置所生活で、このような取調べは違法なやり方であることがわかりました。まず、取調べが長時間行われたこと、被疑者が女性である場合は婦人警官が同席するか、男の刑事だけの場合は取調室の戸は開けておかねばならないこと。私の場合は、いつも男の刑事二人、または刑事と二人だけになることもあり、それでもいつも戸は閉めた状態でした。私には、法律の知識がまったくなく、言葉の意味もわからず、任意同行であれば本人が帰りたい時に帰れるなど、いっさい知りませんでした。すべてが、起訴され大阪拘置所に移り、裁判が始まる頃に少しずつわかってきたのです。

## 裁判

起訴されて、初めて裁判というものを経験しました。私は何もやっていないのだから無罪になって当たり前と信じていましたから、弁護士さんに任せたまま、私は早く出たい、めぐちゃんのお墓に行きたい、Sちゃんと暮らしたいと、そんなことばかり考え、出られる日を待っていました。そして「自白」をした経緯、娘に対する思い、無実であることを法廷で訴えましたが、一審の裁判官は私の無実の訴えを無視し、「自白」のみを信用して、無実の私に対して無期懲役の判決を言い渡しました。私は裁判の中で、しっかり訴えれば裁判官に分かってもらえると信じていただけに、これが日本の裁判なのかと絶望しました。結局、裁判所は初めから有罪と決めつけて審理を行っていたことが判決文に現れています。私に対する判決内容というよりも、すべてに朴さんの「自白」を持ち出して、「〜とは考えがたい」、「〜と推測できる」、「あながちありえないとは言えない」などという言葉で、無理矢理有罪にしているのです。私は「動機」「証拠」はどこにあるのですかと、尋ねたかったです。この時の悔しさ、絶望感は一生、私の心の中から消えることはありません。

しかし、私自身も裁判というものをよく分かっていなかったことを反省し、控訴審では私の思いの丈、無実であることを、法廷や「書面」で訴えるように努力をしましたし、裁判官をもう一度信じて闘いました。また、私の無実を信じて一四名の方が「支援する会」を立ち上げてくださり、その後、日本国民救援会からの支援も受けられることとなり、とても心強く、勇気と希望をいただけました。この頃に初めて私は冤罪という言葉や自分が冤罪者であることも知りました。

私は「再現実験」を行えば無実を証明できるとの思いで、裁判所に対して、「再現実験」を裁判所自ら実施して欲しいと訴えました。その際、「私自身が、朴さんの「自白」どおりにガソリンを七・三リットル撒いて、ターボライターで火をつけます。その結果、私が重体または死んだら、裁判所は私の無実を信じてくださいますか？」と訴えましたが、認められませんでした。裁判所は真実を明らかにすることなく、またしても「自白」を信用できるとして控訴を棄却しました。

私は一審で負けた際、法廷で発言できるのは控訴審までだから、もし負けたときには裁判所に対して自らの命をかけて無実を証明し、裁判官には、誤った判決を言い渡したことで、ひとりの人間の命を奪った責任を一生抱えて生きてもらいたいと考え、裁判所の待合室で自殺するつもりでした。

でも私の周囲の状況に変化が起こり、逮捕以降ずっと会えなかった息子との約九年ぶりの再会がかなったのです。私の両親のもとで暮らすことになったSちゃんに手紙を送り続けましたが返事は一切ありませんでした。しかしSちゃんが「中学二年の時、拘置所まで自転車に乗って会いに行ったけど、日曜日で閉まっていた」と弁護士さんに話したと聞いて、私は「私のことを忘れてなかったんだ」と思うと胸がいっぱいになり、涙が止まりませんでした。その後、Sちゃんが私の親友と支援者の方と一緒に面会に来てくれました。私は八年五ヶ月と二一日目にして、やっとSちゃんと会えたのです。私が「待っててね」と言うとSちゃんは「待ってる」と言ってくれました。この言葉を聞いて、この時ほど私は「帰りたい。Sちゃんのそばにいてあげたい」と強く思ったことはありません。今までは八歳のときのSちゃんしか知らなかったけれど、今は、目を閉じれば一七歳のSちゃんの姿が分かるんです。そしてSちゃんは「お母さんの無実を信じてる……」とも言ってくれて、私は息子から無罪判決をもらえたことに、喜びで胸がいっぱいになりました。

仮に私が無実を証明するためとはいえ自殺していたら、息子はどんな気持ちで生きていくのだろうか？　ある日の新聞記事の中に親が自殺してしまい、残された子どもたちの気持ちが載っていて、それを涙ながらに読み、私は死ねない、絶対に死んではいけないと思いました。

それに私の無実を信じて弁護活動をしてくださっている弁護団、支援の輪が広がり支援者の人数も増えつつあるなかで、いま私が死を選んでどうするのか。そんな心の葛藤の末、私は一生かけてでも無実を証明すると決心したことで、いつしか私の心の中から死という言葉は消え去っていきました。私のこの命は、両親、息子、弁護団、支援者の方々に支えられた上で生かされているのだと悟りました。

それでも控訴審の不当判決を黙って聞くことは耐えられず、また裁判官の方に対して誤った判決だったと思い知らせたい一心で、私は「冗談じゃない!! あなたたちになにが分かるんですか? ただの職務怠慢、娘も浮かばれない、Sちゃんの人生もメチャクチャ……」などと、判決後に叫び、退廷しました。この私の叫びが、裁判官の心に少しでも響いてくれたでしょうか? 私に対して誤った判決を言い渡したと心に引っかかっているでしょうか? 私はいまでも裁判長の顔と名前をしっかり覚えていますし、一生忘れることはありません!!

そして最後の要である上告審では、弁護団がテレビ朝日系列の協力を得て再現実験を実施してくださり、朴さんの「自白」どおりに放火をすることは不可能であることを科学的に立証してくださいました。今度こそ私は無実が証明されると期待していました。この実験は長野知子さんがレポーターをして鳥越俊太郎さんの「ザ・スクープスペシャル ママは犯人じゃない」という番組で二〇〇六年五月一四日に全国ネットで放映されました。

ところが最高裁判所は「再現実験」の記録に目を通すこともなく、紙切れ一枚で上告を棄却しました。これが裁判所のトップのすることなのか? と、怒りと屈辱でいっぱいです。

結局、一審、控訴審、上告審ともに、単に「自白」のみを信用し、専門家の意見、科学的に立証されていることには目もくれなかったということです。私の無実の叫びも、裁判所にとっては罪を認めずに言い逃れをしている人間にしか見えなかったのでしょうか？

しかし、私は逮捕された時の二度の自白以外、一貫して無実を訴えていますし、約一二年もの間、弁護団、支援者を騙し続けてまで無実を訴えられるほど、私は頭が良くありません!! 極悪人でもありません!! なぜ一度でも、仮に無実だったらどうだろうか？ と考えて、審理してくださらなかったのかと、不思議で仕方ありません!! 人間が人間を裁くということは、非常に難しいことです。だからこそ、有罪だったらどうか？ 無実だったらどうか？ と、常に平等の立場を保ち、審理を行うことこそが裁判所の役割ではありませんか？

# 第2部

# 和歌山刑務所から

第2部は『ひまわり通信』(二〇〇〇年九月創刊号～二〇一九年九月70号、1、2号は青木さんを支援する会、3号以降は「東住吉冤罪事件」を支援する会発行)掲載の、「青木惠子さんのおたより」らん、および「獄中日記」から構成した。掲載した手紙は確定後、大阪拘置所・和歌山刑務所から支援者あてに書かれた。

# 無実の無期懲役囚として（二〇〇七年）

### 無期懲役受刑者となる

昨年の一二月二四日に、「異義申し立て」に対して「棄却」という、絶対に欲しくないクリスマス・プレゼントが届き、裁判官たちの、どうしても私を犯人に仕立てあげようとする態度には、心の底から怒りで一杯です。

しかし、私には負けてしまったというこの現実がまだ受け入れられなくて、その時その時々にやらなければいけないことをやっているという感じです。

そして、一月一〇日、とうとう私は、グレー服に着替えて、受刑者の身となってしまいました。

なぜ無実の私が受刑者となり、無期懲役という果てしなく長い務めをさせられなければいけないのかと考えると、本当に悔しくて腹が立ち、許せません。でも受刑生活は想像していたほどのショックはなく、毎日、明るく楽しく生活していこうと考えていますし、新たな「再審」という目標に向かって、一歩一歩あゆんでいきます。負けません。

確かに自由がなく、好きな物も食べられないのは辛いですが、毎日、仕事をして、ＴＶも見られるのですから、人間らしい生活を送れて楽しいですヨ。

私は一一年と四ヵ月ぶりにTVを見たのですが、はじめは色と音量にビックリしてしまい、翌日は疲れてしまいました。でも今はTVにも慣れて楽しんでいます。

作業はタイルの見本を台紙に貼ったり、紙袋を折る仕事をしています。また一月一六日には、「面接」があり、学歴、職歴などについて尋ねられました。一月二四日には、「分類テスト」があり、三種類のテストを受けました。この日は私の四三回目の誕生日でもあり、テストが誕生日プレゼントだったのでしょうか？

私の誕生日に、お祝い、メロディー電報を届けて下さった方々のおかげで、幸せな一日を送れました。また一月三〇日には、一月生まれの人たちが集まり、ぜんざいを食べさせてもらい、石けんをプレゼントしていただきました。このように、一月はいろんな体験、出来事があり、あっという間に過ぎ去りました。まだまだ受刑生活が始まったばかりでわからないことばかりですが、早く、この生活に慣れ、真面目に生活していきますね。しばらくは、この（大阪拘置所内の）受刑房で生活していくことになりますが、多分六、七月頃には、刑務所に移ると思います。

そして、部屋は一〇名で生活しているため寒くはありませんので、ご安心くださいね。一日も早く、「再審」が開かれるように、みなさま、今後もご支援をよろしくお願いいたします。

（二月三日記）

## 大阪拘置所での刑務作業

受刑者の身となり約三ヵ月が過ぎようとしておりますが、毎日がとても早く、作業や生活のリズムにも慣れてきたところです。また作業の方では、いろいろな紙袋を流れ作業で仕上げていくのですが、一つの紙袋が出来あがるまでにこんなにも手間がかかっていたことを知り、勉強になります。ここ（大阪拘置所）にいる間、たくさんの種類の紙袋を仕上げていくことになりそうなので、その工程をしっかりと身につけて、いつの日か「私の手作りの紙袋をプレゼントできればいいなあ〜」と考えています。

二月七日に一月分の賞与金（一月一〇日〜一月三一日）五六一円、三月七日に二月分の賞与金（二月一日〜二月二八日）七一五円と告知を受けました。この賞与金はなん銭の計算なのでよく判りませんが、面会、運動、お風呂、面接などはしっかり引かれるため、私の場合、毎月の面会（二回）、特別面会（一回）分、人よりも少なくなります。でも私はお金をもらえるのだから、金額に関係なく毎月の告知が楽しみの一つですし、進級していけば金額も増えるとのことなので、地道に努力していきたいと思います。

毎月第二水曜日は「読書の日」と決まっていて、自分の好きな本を読んで、その本の感想文を書きます。私は、静かに本を読めるため、本の日が好きなのですが、アンケートに答えるのは私にとって屈辱を味わされてとても嫌です。ちなみに二月は『それでもぼくはやってない』、三月は『夜回り先生』を読みました。

二月一六日には「身元引受人」に関する書類、アンケートに答え、これでここでの面接などは終わったようなのでホッとしました。

私の一日の流れをご報告させて頂くと、平日は午前六時五〇分に起床、午前七時に朝食、午前七時四〇分頃から作業、午前一一時五〇分頃に昼食、午後四時二〇分頃に作業終了、その後夕食、午後五時三〇分に仮就寝、午後七時～午後九時までTVを観るという生活です（午前中にお風呂（週二回）、午後に運動（週四回）があります）。休日は午前七時三〇分に起床後、自由に時間が使えますし、一日中布団を敷いて寝ることも出来ますので、私は「絵手紙」の練習も始めてゆっくりと過ごしています。また、TVも午前九時三〇分～午前一一時半まで観れますし、午後と夜も見ることができますので、あっという間に休日が終わってしまう感じです。私はこの生活に対して辛いという気持ちはありませんし、毎月、支援者、弁護団が交代で面会に来て下さり、なに不自由なく過ごせて幸せです。とくに三月は父とSちゃんが二人で面会に来てくれて、とてもうれしかったです。（三月二五日記）

## 和歌山刑務所へ

七月一日付で仮の三類に進級することができて喜んでいたのも束の間、七月三日には移送部屋に移されました。

私もとうとう刑務所に送られる日が目の前まで迫ってきたのかと思うと、心が乱れ、食欲もなくなり「今日かな？　今日かな？」と、ハラハラ、ドキドキの日々で精神的にも良くありませんでした。でも、一〇人部屋から七人部屋になり、畳一畳を使って眠れることや、知り合いばかりの部屋のお陰で生活しやすく、助かりました。

そして、七月一一日は「読書の日」で、先々月（六月）から、本の感想文・アンケートがなくなり、「課題作文」についての感想文を書き、いろんな事件のビデオなどを三回観ることに変わりました。先月（七月）は「感謝」という課題で、弁護団、支援者の方々、友人達、両親のことも頭に浮かびましたが、今回は、Sちゃんに対しての感謝の気持ちを涙を流しながら書きました。その内容は次のとおりです。

「今から約一二年前の夏、突然の火災で大切な娘を失くしました。私は娘を失くした悲しみ、助けられなかったという自責の念で、精神的にかなりおかしくなってしまい、息子の存在も忘れ、毎日、泣く姿、死んで娘のところに行きたいと思っている姿を息子にみせていたのです。そんな私に対して、息子は黙って側にいて見守ってくれていましたが、ある日、私が死を選び行動に出た際、当時は八歳だった小さな息子が、『ママ、死んだらあかん』と泣きながら止めてくれました。私は、この時、やっと我に返り、『Sちゃんが居たんや！』と気が付き、息子を抱き締めて『ごめんね、ごめんね』と言い泣きました。もし、この時、私が死んでいれば、今の私はこの世になく、たった一人、ひとりぼっちになってしまった息子は、どんなに深く傷付き苦しんだことかと考えた時、あの日に私を助けてくれた息子に対して感謝の気持ちで一杯です。今も、私の無実が証明されないため、息子は社会でひとり寂しい日々を送ってますが、私が生きていること、私と息子を支えて下さっている弁護団、支援の方々、友人たち、両親が側にいるということは、私自身はもちろん、息子にとっても不幸中の幸いだと感じています。ですから、私は多くの方々に支えられて、元気に過ごせていることにも、日々感謝しています。今後もこの気持ちを忘れずに、しっかり生きていきます。」

もっとスペースがあれば、天国にいるめぐちゃんへの気持ちも書きたかったのですが、毎日、朝夕に語りかけていますので、私の気持ちは伝わっているものと信じたいです。それから、めぐちゃんの「命日」（七月二二日）よりも二日早く「読経」に行き、お焼香をあげさせてもらったのですが、一二年前のお葬式の日のことが蘇ってきて、悲しくて涙が止まりませんでした。また、当日（二二日）は写真を飾り、お茶を供えて心静かに過ごしました。

その後、七月二七日に診察と領置品の調べがあり、七月三〇日の午前一〇時頃に和歌山刑務所にバスでいきました。私の想像とは違って、とてもきれいで、刑務所という感じがしません。今は新入教育（二週間）の期間で、毎日、覚えることばかりですが、一日も早く、ここでの生活を身につけたいと考えています。

刑務所に着くと、荷物検査などの後、刑務官が、事件について一人ずつから話を聞き、厳しいことを言われて、みんな涙を流して部屋から出てきます。もちろん、私も受けました。事件のことを言われて、私は「やってません、再審請求をして闘います」と話すと、「そんなことってあるのかしら」とバカにされた感じでした。私は「信じてもらわなくても結構です」と言いました。すると、「私の知っているなかで、無期懲役の人が十年で仮釈をもらって帰った人はいません」と言われました。私は、「仮釈などいりません!! 私は無罪になって、ここから堂々と帰ります」と言うと、「もうあなたには事件のことはいっさい聞きません」と言われて終わりました。

（八月一一日記、最後の8行は現時点で加筆）

## 布川事件・桜井昌司さんとの面会

ここでの生活も怖い怖いと思いつつ、自分なりに生活のリズムを作れるようになり、少しホッとしているところです。しかし、その一方で作業の方は「ぼんてん」が上手く切れずに、日々悩み、精神的苦痛を感じながら取り組んでいる状況で、本当に辛くてたまりません。「ぼんてん」というのは、数珠の飾りに使われる丸い梵天房のことです。切り揃えてきれいな玉状にする作業が受刑者の工場で行われていました。私の頭の中は常に「ぼんてん」のことばかりで、夢にまで出てくるため心が安らぐこともないので、早くこの苦しみから脱出したいですし、余裕をもって裁判のことを考えられるようになりたいものです。

さて、この二ヶ月間にもいろいろな出来事がありました。

まず、九月二二日の「彼岸法要」はお坊さんがお経を上げてくださり、お焼香もさせてもらい、めぐちゃんの供養ができて胸が一杯になりました。毎月あるグループ教誨にも参加して、お経を唱え、その意味の説明を受けています。これから先もめぐちゃんのためになる供養には全て参加していこうと考えています。

そして、医療の方では九月二七日、エイズ、肝臓などを調べるための血液検査、一〇月五日、子宮ガン検診、また申し込みから三ヵ月近く待ちましたが、歯科治療もあり治してもらえて良かったです（何も連絡がないので、どこも異常がなかったと思っていますが…？）。

それから、「防災訓練」では、防災頭巾をかぶって軍手をはめて運動場まで避難する訓練も経験しました。

九月二九日、一一月一七日に慰問があり、たくさんの歌を聴き、その曲の詩についての説明もあって、めぐちゃん、Sちゃんのことを想い出してしまい涙が流れましたが、いつもと違う雰囲気を味わえて楽しい時間が過ごせました。そうそう一一月二日に運動会もあって、私は綱引きに参加しました。運動が苦手な私にとっては嫌な行事の一つでしたが、いつの間にか夢中になっていました。優勝もできてみんなで喜び合えて、終わってみれば楽しかったです。それから九月一二日～一〇月一七日までは開放部屋の雑居（九人）生活でしたが、一〇月一八日～一一月一四日までは、二人部屋での生活で時間に余裕があり、ゆっくりと過ごせてとても楽でした。この間に新聞のまわし方、廊下やトイレの掃除のやり方、洗濯物の脱水のやり方なども覚えました。布団類も自分で中庭まで干しに行けるので、閉じ込められているという感じがしません。一一月一五日からは雑居部屋に移りました。この生活に慣れるまで数日かかりそうですが、四週間後には二人部屋に移れるので、このペースに慣れていくしかありませんね。雑居部屋では毎週人の入れ替わりがあるのでリフレッシュできますし、新しい出会いもあるから上手く考えられていますよ。

もう一つ、一一月五日に「布川事件」の桜井さんと面会することができて、とてもうれしかったです。桜井さんとお話していると、つい泣いてしまいます。やはり同じ体験をされている方だし、私の元気の源だからでしょうか。

今年一年、辛いことも多かったですが、それ以上に多くのみなさまの優しい心に触れられ、支えて頂けたから、私は幸せに過ごしてこられました。私は刑務所ではじめての年末年始を迎えることになりますが、どこにいても楽しく過ごしたいと考えていますし、その様子を報告できる人達がいるということはありがたいです。みなさま、どうぞカゼを引かれることなく、よいお年をお迎えくださいませ。

（一一月一八日記）

# 女子刑務所の塀の中で（二〇〇八年）

## 塀の中の日常

いつも、お手紙や切手などを送って下さる方々、私の誕生日を忘れることなく、お祝いのメッセージ、電報、お祝い金を送って下さった方々、みなさまの励まし、優しさに支えられて私は幸せです。本当にありがとうございます。

ところで、みなさま、この中でも誕生日会を開いてもらえるのですよ。毎月、昼食は「赤飯」

（全員）ですし、誕生月の者は昼食後に講堂に集まり、更生婦人会（？）の方々が寄付して下さった「ロールケーキ、フルーツクレープ、ホットコーヒー」をお祝いの言葉を聞きながらいただきます（後日、感想文というプレゼント付きです（笑））。私たちにとっては甘い物を食べられて、一年に一回しか飲めないコーヒーが飲めて、この中でしか味わえない喜びを感じられるひとときです。毎年、「来年こそは、社会で誕生日を……」と願いつつ、既に一三回も塀の中で迎えていますが、これも私の人生、四四歳からの一年間も無駄にすることなく、無罪判決という目標に向って、精一杯生きていこうと自分に誓いました。

それから、昨年の一一月二八日に「念珠班」から「たわし2班」に移りました。やはり私には難しすぎて出来ませんでした。私自身の中では悔しさ情けなさも残っていますが、今では毎日、いろんな種類のスポンジを目にして検品包装をしていると気分も変わって楽しくなります。なによりも、毎日、心穏やかに作業に取り組めていますし、一日が早く過ぎ去ります。休日には裁判資料集を読み返して、何を崩せばいいのかを考えられるようになりました。みなさま、ご安心くださいね。

また、私の悩みの種だった「身元引受人」も、先月、許可をもらえてホッとしています。一時はこれ以上、弁護団に迷惑をかけることが心苦しかったため、誰も申請しないつもりでした。でも、青砥弁護士の好意に甘えさせて頂き、お願いして本当に良かったと感じています。

しかし、私の望みは身の潔白を証明して一日も早く無実の人間として社会に帰ることですから、みなさま、救い出してください。「再審」の扉を開けるために、多くの方々に「東住吉事件」の真実を知っていただき、広めてもらいたいと考えていますので、今後もご支援よろしくお願いいたします。私も辛い受刑生活を楽しく過ごすように努力していきますし、今月（二月）から絵手紙クラブに参加することにしました。私に出来ることは、みなさまにご心配をかけないように身も心も元気でいることだと思っていますから…。次回に絵手紙クラブの様子を報告したいと思いますので、楽しみに待っていて下さいね。


（二月一六日記）

## 絵手紙クラブ、カラオケ大会

絵手紙クラブに入って、毎月一回、一時間という短い時間ですが、心が和み楽しいひと時を過ごせています。一回目は、筆の使い方、線の書き方を学び、外部から来て下さっている先生の作品を見せて頂きました。

二回目は、本物の「ピーマン」を観ながらハガキに書きましたが、筆の先に神経を集中させて書くためとても緊張しましたが、ヘタでも楽しいです。三回目は、巻き紙に「私の絵手紙日記」と書き、「こいのぼり」の置物を見て描きました。

それに教材や練習用紙も使えるので、休日にも絵手紙の本を参考にしていろいろと書いて楽しんでいます。毎月、楽しい時間を過ごしつつ上達していきたいと思っていますので、一年後、私の作品を見て下さいね。

これから先も一年を区切りに何かにチャレンジしていけば、時間も早く過ぎますし、いろんなことが身についていいから、努力していきたいと考えています。

それから、三月一四日に「おひな祭りカラオケ大会」があり、各工場の人たちの歌を聴きました。私は夕食時に配られた「ひなあられ、桜もち」の方がうれしかったですョ（笑）。

三月二八日には「春の彼岸法要」、四月一一日にも「花まつり」があり参加しました。講堂の中央には大きな仏壇がおかれてあって、お坊さんがお経を唱えて下さり、お焼香をさせてもらい、めぐちゃんの供養ができました。

最後に、私は民事事件（保険金の件）でも争っており、昨年の九月には、「はじめから有罪ありき」の判断で負けてしまいました。私自身せめて民事事件だけでもと思い少し期待を抱いていただけに、結果を聞いた時はショックでした。その後、弁護団の好意に甘えさせてもらって控訴して争っているのですが、今度の裁判官が「慎重に進めたい。七リットものガソリンを撒いて、この程度ですみますか」と疑問を感じてくれているそうです。

今までの裁判官たちは、この当たり前の疑問さえ感じてくれなかっただけに、この報告を弁護団から聞いた時、私は真っ暗なトンネルの先に少しの明かりが灯った気がして、とてもうれしかったです。何度も何度も裏切られた上、刑務所にまで入れられていますが、それでも私は今度の裁判官こそ真実を見抜き、正しい判断を下してくれるものと信じたいです。民事事件の裁判官もいい加減な判断をせず、慎重に考えてくれると思います。

（四月二七日記）

## 髪型はショートカット

最近、東北地方での大地震のニュースをテレビで観ながら、みなさま方のことが頭に浮かび心配しております。被害を受けられたみなさま方には、心からお見舞い申し上げます。

さて、来月（七月）はめぐちゃんが失くなって一三年目になるとともに、私の刑務所生活も一年を迎えます。この一年を振り返ってみますと、辛いこと、苦しいこともありましたが、それ以上に多くのみなさま方に励まして頂けた喜びの方が大きかったです。また、全てが初めての体験だったので、慣れることに必死で、あっという間に過ぎ去った感じです。現在も解放部屋での生活ですが、私も古くなってきたので、九人部屋では五番目となり押入れで寝ています。押入れと言っても、二段ベット（下はタンス）の上段って感じですし、カーテンも開けた状態なので、個室みたいですよ。でも、朝から、みんなの布団を受け取り重ねていくので体力がいり、はじめはハァハァ言って倒れそうでしたが、慣れてしまえば要領もわかってきて、スムーズに出来るようになりました。

そして、行事の方もいろいろとあり、今年から始まった綱引き大会が五月二三日にありました。一工場は準優勝(オレオ)、三位(岩おこし)と二チームが上位に入りましたよ。チーム名が、みんなが食べたいお菓子名ってところがおもしろいでしょう? それだけ甘い物が食べたいのです。

また、六月七日には造幣局の生バンドの慰問があって、すごい迫力があり、楽しい時間を過ごせました。六月一五日から夏期処遇に入り、お風呂が三回、お風呂以外の日は身体をふけるし、扇風機も午後七~一一時まで使用できます。うちわもありますし、部屋のドアも解放したままなので、暑さの中にも涼しさがあります。

あと、カットのことですが、「ショートカット」「おかっぱ」の二つの髪型があって、申し込みは三ヵ月に一回です。ちなみに私はショートカットにしています。

私にとって夏は辛い季節ですが、一日一日を乗り越えていこうと思いますし、絵手紙を書いて気持を切り換えたいと考えています。

(六月二一日記)

## 命日の供養

今年の七月二二日は平日ということもあり、作業に追われ、そのあとも個人教誨、グループ教誨に参加してと慌しく過ぎ去り、悲しむ暇がなく、かえって良かったと考えています。ちょうど「命日」と重なり、お経を唱えていただくことができ、お線香もあげられたことで（二回も）、私の悲しみも癒やされ、はじめてまともな供養ができたと喜んでいます。

それに、支援者の方々からも、めぐちゃんに対して心温かいお言葉を届けていただき、私ひとりがめぐちゃんの「命日」に供養しているのではなく、支援者の方々も七月二二日という悲しい日を忘れずに、共に悲しみ供養して下さっていることに心より感謝しております。きっと天国にいる娘も喜んでいると思いますし、一年一年私の強くなっていく姿を、安心して見守ってくれている気がします。

今年の夏はとても暑く、工場は「クーラー」「扇風機」があるものの、私の席の方は風が届きにくく暑いですが、部屋の方は二人拘禁の解放部屋なので、扉は解放されているから、自然の風と扇風機、うちわもあるので、暑いながらも過ごしやすいです。

ところで、みなさま、お盆はどのように過ごされましたか？　私の方はお盆休みと（八月一三日～一五日）土、日が重なり、五日間の休日がありました。初日にうれしい面会があり、あとは手紙を書いたり、絵手紙を書いたり、お絵かきロジックをしたり、本を読んだりして心穏やかな休日を過ごせました。それから、行事は七月二五日の午前中（一時間）に「夏祭り」があり、全工場が運動場に集まり盆踊りを踊りました。昨年までは夜に（二時間）浴衣を着て踊っていたようですが、今年からは変わったみたいで、浴衣を着るチャンスもなくなり少々ガッカリです。でも昼食時に「お菓子」「ジュース」が配られて、浴衣よりも甘い物の方がいいと思いましたョ。そして八月七日には「盆法要」に参加して、めぐちゃんの供養ができてありがたかったです。

暑い夏が終わると、私が逮捕された日がやってきます。

毎年「自白さえなければ……」と考え悔しい気持ちになりますが、こんな立場になったからこそ、支援者の方々と出会え、冤罪の世界を知り、留置場・拘置所・刑務所を体験できているのだから、これも一つの人生とプラスに考えるようにしています。私が明るく元気に楽しく生きていけるのは、「布川事件」の桜井さんの励まし、姿が、私に勇気と希望を与えて下さるからです。もちろん多くの支援者の方々、弁護団が支えて下さっている力もあります。

「再審請求」のために、弁護団はがんばって下さっていますし、日弁連への支援要請もして下さり、一歩一歩ですが前に進みつつあります。これから先、長い年月がかかることは覚悟していますが、「正義は必ず勝つ」と信じて負けずに闘っていきます。（八月一六日記）

## 悔しい一日

今年も「彼岸法要」があり、めぐちゃんの供養が出来てホッとしています。こんな中にいても供養できる行事があることは不幸中の幸いと思って、全て参加しています。

そして、一〇月八日に桜井さんが面会に来て下さったのですが、私が辛く悔しい思いをしていた時だったため、桜井さんのお顔を目にした途端涙があふれてしまい、泣きながらの面会となってしまいました。私が事情を話すと気持ちを判って下さり、アドバイスをして下さって少し落ち着くことができました。ありがたかったです。

実は、私自身が納得できない事柄について面接及び願せんを提出したところ、すべての件が「不許可」にされた上、大食堂での昼食時間に出してもらっていた「お水」も止められたことが悔しく、水分がないため昼食が食べられない状況だったのです。願せんというのは、受刑者が刑務所側に提出する書面です。歯の治療を受けたいとか、物品の購入とか、なんであれ受刑者が刑務所側になにかをお願いする場合には、必ず願せんを書いて提出しなくてはなりません。本当に悔しい日々でしたが、再び願せんを提出して「お水」は飲めるようになりました（注）。しかし、刑務所に来て以来、こんなに悔しい思いをし、悔し涙を流したことはありませんでした。

話を変えて、一〇月一〇日に運動会がありました。運動が苦手な私は「YES・NOクイズ」に参加しましたが、最後まで残れませんでした。ですが今年も一工場が優勝してみんなで喜びを味わえ楽しいひとときでした。

また、昼食時に「オレオクリームサンドクッキー」（一八枚）が配られて、夕食時に回収とのことで、ゆっくりとめぐちゃんにお供えできましたし、甘い物を口に出来た満足感も味わえて幸せな一日でした。今月（一〇月）の上旬はいろんなことがあって心が乱れましたがめぐちゃん、Sちゃんの誕生月なので、残りの日々は心穏やかに過ごしたいと考えています。

もう一つ、「ロス疑惑」の三浦和義さんが自らの命を断たれたことに動揺しました。お辛かったのでしょうが、最後まで闘い続けていただきたかったです。私はどんなに辛くても、負けることなく闘い続けます。

（一〇月一八日記）

（注）青木さんは昼食のとき、お茶が飲めないのでお水をもらっていたけれど、涼しくなったのでお湯にして欲しいと申し入れたところ、お水ももらえなくなった。

# 再審請求を申立てる（二〇〇九年）

## 今年の目標

一二月二七日～一月四日まで休日だったので、日頃出来ていないことをしたり、漢字の勉強や本を読んだりして、平穏な日々を送れました。ここで迎える二回目のお正月は、悲しむというよりも、唯一の楽しみである食べ物に期待を寄せていました。昨年と比べてみると、今年は量よりも質って感じで、おせち料理とおもちは良かったですが、お菓子はチョコレート一袋、クッキー詰め合せ一袋（昨年は七種類）と減りガッカリでした。

ＴＶは、午前九時～一一時、午後〇時～四時、午後六時五〇分～八時五五分と増えましたが、今回も紅白は午後八時五五分までで、あとはラジオで聴くというのは、本当に残念でしたよ‼

でも、雑居（八名）だったので、暖かく楽しく賑やかな年末年始で良かったです。

今年も、皆様方から、たくさんのお年賀状が届き、一枚一枚に目を通しながら、懐かしさを感じたり、忘れられていなかったと安堵したりして、幸せな一時でした。皆様方、ありがとうございました。

今年は「民事裁判の勝利」、「再審請求」、「漢字検定の合格」、「新しいクラブに入る」という目標、希望、期待をもって、一歩一歩、前進していきます。

（一月三日記）

## 慰問

拝啓　三寒四温のことばどおり、冬が行きつ戻りつしている今日このごろですが、みなさま、お変わりございませんか。私は、朝起きると、突然目が腫れていてビックリしましたが、目薬をいただいて差していると治ってきたので、ホッとしているところです。原因はなんでしょうね？

あと、前髪の右側部分に円形脱毛が出来ている以外は心身ともに元気で楽しい日々を送っていますので、ご安心くださいませ。

さて、一月二三日に、「職業紹介」の講話があり、経営者の方々から話を聞きましたし、二四日には、「ゴスペルコンサート」の慰問があり、上原れい子さんの歌と話を聞きました。上原さんの辛さを乗り越えて、強く生きている姿、辛い体験談を語り歩かれている姿に、未来の自分を重ねていました。勇気をもらえた感じです。この日は私の誕生日だったので、お祝いのコンサートのように思い、うれしかったです。今年も誕生日会があって、温かいコーヒー、ロールケーキ、フルーツクレープが食べられて幸せでした。

そして、二月八日には、演歌歌手の小町雪乃さんが慰問に来て下さり、楽しい時間が過ごせました。コンサートに行ったことがない私にとって、こんな中で体験できて、うれしかったです。でも、ふと弁護団、支援者の方々は、私の無実を勝ち取るために忙しく活動して下さっているのに、呑気に楽しんでいていいのか？って、心が痛みました。しかし、私が元気に明るく楽しく生活できるのは、多くの方々に励まされ支えていただき、ひとりじゃないという安心感があるからです。改めて支援していただけるありがたさを感じた日でした。

それから、昨年の一〇月から毎日、漢字の勉強を続けていて、検定日（二月一三日）が近づいてくると、緊張と焦る気持がピークとなり、頭の中は漢字一色でしたが、無事に漢字検定日を迎えて、三級を受けました。結果は三月下旬頃にわかりますが、努力したことは無駄にならないと信じ待っていようと思います。次は二級を目指そうかナ？

もう少しで二月も終わりますが、今月は食事のメニューも良かったし、バレンタインディーにはチョコレートも配られてうれしかったですし、民事裁判の方も良い方向に進んでいて、充実した月でした。

（二月二一日記）

## 獄中の春

円形脱毛症の方も少しずつ髪の毛が生えてきて、ホッとしているところです。暖かくなってきたので、冷たいお水を飲んでも身体が震えることもなく、「寒い、寒い、なんでお湯をくれないのよ!!」と、イライラする事がなくなったからでしょうか?

二月一三日に「漢字検定」(三級)を受けていたのですが、無事合格しました。賞状、合格証明書、検定結果通知も頂き、努力した甲斐があったと、うれしかったです。この中で無駄な時間を過ごさず、常に何かにチャレンジしていきたいと考えています。

三月一三日には「ひな祭りカラオケ大会」がありましたし、四月一〇日には「花まつり」の行事がありました。その時に紹介された講話が心に残っています。詳しいところまでは忘れましたが、ある青年が「育ての母には恩を感じているが、生みの母には何もしてもらってはいない」と言ったのに対して、年老いた女が「生みのお母さん以外に命をくれる人がいますか」と言って叱ったという話でした。

私は、亡き娘のこと、Sちゃんのことを考えてしまい、涙が出ました。命をかけて生んだ娘を殺したと言われ続ける日々は、とても辛くて悲しいことです。

弁護団が新証拠を発見して下さり、五月中には「再審請求」の書面を作成させ、早ければ六月にも「再審請求」していただけるようなので、みなさま、どうか一日も早く、「再審」の扉を開け、無実が証明されるように、より一層のご支援を、よろしくお願いいたします。

(四月二四日記)

## 足利事件・菅家利和さんの釈放

「足利事件」の菅家利和さんが釈放されたニュースをTVや新聞で知り、自分の事のように嬉しくなり涙がでました。桜井さんから「冤罪者は明日釈放になることだってある。頑張って……」と励ましのお手紙をいただき、「本当に、そうだなあ」と感じ、これまで以上の希望を持って生活しています。一日も早く、「再審」請求を行い、裁判官たちが、火災の状況と「自白」の矛盾に気がつき、「おかしい!!」と判断して下されば、無実が明らかになると信じています。今のこの良い流れに乗って、一気に勝利できるように、全国のみなさま、一層のご支援を、よろしくお願いいたします。

来月（七月三〇日）で、ここでの生活も二年になりますが、私は、作業も一生懸命やっていきますし、休日には、点訳（五月からクラブに入りました）を勉強したり、漢字の勉強もして楽しく生きています。ただ優遇区分が3類のままなので、悔しいですよ!! 優遇区分というのは、受刑者の生活態度についての通信簿のようなものです。受刑者になってから半年くらいで私は3類とされました。態度の悪い人は4類にされることもあります。その後、態度が良ければ2類、1類と上がっていくのですが、その基準はよくわかりません。でも胸の名札に星のマークが貼付けられていて、その人が何類なのか、すぐわかるようになっています。

先日、Sちゃんが一年八ヵ月ぶりに面会に来てくれました。久し振りに、元気な顔が見られて、たくさんの話が出来て嬉しかったです。まだまだ子供だと思っていますが、話す言葉に成長を感じ、優しい言葉に喜びが感じられて、本当に幸せな一時を過ごせました。

来月（七月二二日）は、めぐちゃんの「命日」がありますが、私の代わりにお墓参りに行ってくれるとのことで、きっと、めぐちゃんも、弟との再会を喜んでくれると思います。

来月は、私にとって、とても辛い月ですが、悲しみに負けず、来年はSちゃんと共に、めぐちゃんのお墓に行けるように、闘っていきます。

（六月二七日記）

## 再審請求を申し立てる

今年の夏は、昨年に比べると過ごしやすく感じますが、みなさまはいかがでしょうか？私は、体調を崩すこともなく、食欲もあり、元気に生活していますので、ご安心くださいね。

先月（七月）は、めぐちゃんの一四回目の命日がありましたが、日々の忙しさに流されたこと、面会が、四回あったことで悲しみも薄れ、笑顔で乗り切れました。

それに、長年の友（支援者）Tちゃんとの面会もかなって、楽しい時間を過ごせて元気が出ました。今更ですが、私は、多くの人たちに支えられて、本当に幸せ者だなと、つくづく感じます。

そして、八月七日、ず〜っと待ち望んでいた「再審請求」が行われ、やっと一歩前進したという思いで、とてもうれしいです。同時に記者会見も開かれ、その際に父やSちゃんのコメントも発表されたと知り、ビックリしながらも、その内容がうれしく、胸がいっぱいになりました。お盆休み（一三日〜一七日）に、両親が面会に来ました。母と会うのは一年以上ぶりで、弱っている姿を目にして、私が、帰れる日まで、生きていて欲しいと思いました。

裁判官には、数々の新証拠、自白の矛盾点、火災の状況のおかしさに、気付いてもらいたいですし、常識のある裁判官に、担当して頂きたいです。

これからの道程は、険しく、辛いことも多いと思いますが、社会で待っていてくれる家族のため、今後も、無実を勝ち取るという目標に向かって、負けずに闘っていきます。

（八月一五日記）

## 一四年ぶりに掃除機を使う

ここでの生活も慣れましたが、八月下旬から、掃除機が使用できるようになり、最近、お布団も新品に代って、私は一四年ぶりに掃除機をかけたり、ふかふかのお布団で寝ています。こんなささやかなことでも、心が弾み、笑顔がこぼれます。

今年もあと二ヶ月程で終わりますが、目標だった漢字検定（三級）に合格、絵手紙クラブも無事修了。点訳クラブに入れたことなど、充実した一年でした。

それに、「再審請求」できたことが一番嬉しかったですョ。一日も早く、審理が始まり、裁判官が「再現実験を実施しましょう……」と言って下されば、私の無実が明らかになる日も、そう遠くないと信じています。

一つ残念だったのは、三類から二類に進級できなかった事です。基準がハッキリしませんし、改悛の情を求められれば冤罪を主張し続ける者が進級することはないでしょう？

今、「支援する会」では、「署名」、「学習会」などの活動をして下さっています。

『ひまわり通信』を読んで下さっているみなさま、知人、ご友人に声をかけていただき、一筆でも多くの署名を集めてもらえれば幸いです。全国の支援者のみなさま、今年も大変お世話になりました。お手紙、本、切手、お金を届けて下さった方々、本当にありがとうございました。

（一一月頃記）

# 逮捕されて一五年（二〇一〇年）

## 刑務所で迎える正月

みなさま、お正月はごゆっくり過ごされたでしょうか？　私は、雑居部屋（八人）ということもあり、また、珍しく風邪を引いたことで、何も手につかず、そのお陰でゆっくりさせてもらいました。みんなで、よくおしゃべりをして、よく笑い、人生ゲーム、トランプもやり、楽しいお正月気分を味わえたので、休日（六日間）も、あっという間に過ぎ去りました!!

よく「辛い思いをされて……」というお言葉をかけていただくのですが、私自身「辛い」と思うことはなく気楽に生活しているので、心配して下さっているみなさまに対して、申し訳ない気持です。

ちなみに、年内には「みかん一袋、クリスマスケーキ」、元旦には「おせち料理、お雑煮（おもち一個）、お菓子（二袋）」、二日には「レトルトのぜんざい」も配られました。社会と変わらないでしょう？

でも、今年で獄中でのお正月は終わりにしたいですし、平成二二年、この「二二」という数字は、めぐちゃんの失くなった日だからこそ、真実を明らかにし、社会に帰るという奇跡が起こると信じたいです。

（一月二日記）

## 本当の春を待つ

ここでの日々は、同じことの繰り返しですが、それでも「誕生日会」は一年に一回の温かいコーヒーが飲め、ロールケーキやフルーツクレープが食べられるから嬉しいです。ちなみに、四六歳になりましたが、今年もお祝いの言葉、お祝いをいただけて、幸せです。みなさまありがとうございました。

また、慰問もあり、歌や踊りを楽しみましたし、二月にはお好み焼きの「千房」の社長さんの講話、弁護士さんからは「犯罪被害者」の講話があり、勉強になることなど、いろいろと考えることもありました。また、「ひなまつり」のカラオケ大会もあって楽しめましたが、やはり「桜もち」、「ひなあられ」、「チョコレート」と甘い物を食べることが出来て幸せな気持になり、心も優しくなれました。

昨年の一二月に、「再審請求」に関する書面を送ってもらったのですが、二月から二人部屋に移れたことで、やっと読むことができました。私も「陳述書」を書く気持になり、今、作成中ですが、調べることがあって、過去の訴訟ノートを開けていると、みなさまからの励ましの文面が目に止まり、その時のことが走馬灯のように浮かんできます。改めてみなさまに支えていただいているからこそ、負けずに生きていけると感じました。

もう三月です。三月一日には、検察側の意見書に対しての反論書の提出、三月一八日には、民事裁判の判決、三月二三日には、二回目の裁判官、検察、弁護団での協議があり、大切な月になります。一日も早く、真実を明らかにしてもらって、私にも本当の春が来て欲しいと願っています。


（二月二七日記）

## 中指の手術

三、四月にかけていろいろなことがあり、あっという間に月日が流れたという感じです。まず裁判所に提出するための「陳述書」を書き上げました。また和歌山弁護士会に、お湯の件で人権救済を申立てるため、私自身の心情などを「陳述書」にして、弁護士さんに送りました。裁判官たちが私の訴えに耳を傾けて下さることを信じ、結果を待つしかありません。
三月一八日、民事裁判の判決があり、負けてしまいショックです。「自白」を信じ、矛盾点については目をつむり、真実を明らかにしようとしない裁判官たちに対し、悔しさ、虚しさを感じます。

刑事裁判の方も、裁判官たちの交代がありました。いつも裁判官運が悪いため、大丈夫かなあ～と不安を抱えていますが、民事裁判は上告審に向かって、刑事裁判は勝利に向かって、負けずに闘っていきますので、みなさま、心強いご支援をよろしくお願いいたします。

そして、以前から右手の中指のつけ根の部分に痛みがあり、診察を受けたところ、炎症を起こしているとのことで、手術を受けて切りました。右手の中指の下の部分です。生まれて初めての手術が刑務所の中というのも悲しいですね。一週間後に糸を抜いて一ヵ月が過ぎましたが、完治するまでにはまだかかりそうです。右手が使えない日々はとても辛くて大変でしたが、改めて手を自由に使えることのありがたさをつくづく感じました。いつも動き回っているだけに、何も出来ないことは辛かったですが、神様が、少し休むようにさせて下さったのかも……？　と、プラスに考えたりして、ゆっくりしています。

（五月四日記）



## 逮捕されて一五年

みなさま、お変わりございませんか。私は、少し心の方が弱っているものの身体は元気です。

毎年のことですが、特に今年はめぐちゃんの命日の他に、刑務所に来て三年、逮捕されてからは一五年ということもあり、心のコントロールが難しく、イライラすることが多いです。

でも、この中にも変化があり、工場が半分に別れて（人数も七〇人前後になり）静かになりました。お風呂も、今までは戦争のようでしたが、指定された棚、シャワーを使うようになり、全員が揃ってからスタートするので、平等になって良かったです。厳しくなることも多いですが、この中にいる以上仕方ありません。

そして、私はお風呂を洗うスポンジの包装等をやっていたのですが、先日（六月一七日）、集積に移りました。資材の最終のチェックをして箱詰めする作業なので責任重大です。ミスだけはしないように心掛けていきたいです。この環境の変化があってからは、精神的に落ち着いてきたので、辛い時期も乗り切れそうな感じがしてきました。

あと、突然、保護司さんが面会に来られて、ビックリしましたが、いろいろとお話ができて良かったです。私の無実を信じて支援して下さる方々がいることを伝えたところ、驚ろかれていました。

さて、裁判の方ですが、裁判官が交代したため不安でしたけれども、「再現実験」を行うなら条件を決め、必要な証拠の開示についても考えて下さるとのことで、ホッとしました。本当は、裁判官自ら「再現実験」を実施して下さればいいのですが……。（七月三日記）

## 父との面会

今年は、猛暑の日々が続き、熱中症で亡くなられた方も多い夏でしたが、みなさま、お元気に過ごされたでしょうか。私は汗を流しながらも、工場では一生懸命作業に取り組み、部屋でも忙しく動いていたこともあり、暑さに負けることなく、元気に生活させていただいています。

そして、辛く、悲しい七月も乗り切り、あとは九月一〇日を乗り越えられれば、やっと心穏やかな日々を送れるだろうと考えているところです。

一五年前の九月一〇日の早朝、突然、刑事たちが家にきて、私はSちゃんの手を引いて、マンションの玄関まで歩いていきましたが、そこで、Sちゃんと離されて以来、あの子の手に触れていません。この日の情景は、目を閉じれば昨日のことのように浮かんできて、悔しさがこみ上げてきます。

七月に、父が面会に来てくれました。高齢になり耳も遠くなった父が、「元気か」と一言。その後も、会話を続けようと努力して、いろいろと話しかけてくれます。

私は、「うん、うん」とうなずき聴いているだけです。母は、体調が悪い上に足も悪くなり、父が介護している状況ですから、心細く、気持も弱ってきたのでしょう。私に、「早く帰ってきてもらわな。生きているうちにな。もう、一五年かあ」と、しみじみ話す父の姿を目にして、私は、早く帰って面倒をみてあげたいと心が痛み、涙が出そうになりました。もともと父とは不仲だったけれども、この月日が父と私の心を変え、親子の絆を修復してくれたんだと考えた時、こんな立場になったからこそ得たものも多いと思いましたし、みなさまとも出会えたのですから、幸せな人間ですね。

（九月記）

## 医療刑務所で再検査

一〇月も終わりますが、いろいろなことがあったので、報告したいと思います。一〇月四日に進級の発表があり、やはり三類のままで悔しい限りです!! 八日には運動会があって、私は「ボール送り」に参加し、楽しい時間を過ごせました。三年ぶりに「シューアイス」を口に出来たこと。ポカリも飲め、クッキーも食べれて幸せでした。一一日は、めぐちゃんの誕生日だったので、大人になった彼女を想像しつつ、「おめでとう」と語りかけました。一三日は、突然、大阪医療刑務所に連れて行かれて、ビックリ!! 七月に受けた乳ガン検診で引っかかり、再検診のためだったのです。結果は、大丈夫とのことでホッとしたものの不安もあります。

みなさま、「いのちのメッセージ展」をご存知ですか？ 講堂に展示された遺族のメッセージ、遺品を目にして涙が流れました。辛く、悲しかったです。

さて、歯については、自費の歯科治療（部分入れ歯）の許可が出たので、次回、詳しく報告しますね。お湯の件は、人権救済を行っていたこともあり、「願せんを出す気持があれば……」と言われて、九月に提出したところ、昼食時だけでなく、部屋での食事時にもポット一本分のお湯が給与されることになり、四回目の冬にして、寒い時期に身も心も暖まるお湯を口にできて今は幸せ。

みなさま、ご心配をおかけしましたが、もう大丈夫です。二四日には、Sちゃんの誕生日があり、辛かったですが負けずに闘っていきます。

（一一月記）

# 再現実験で希望が（二〇一一年）

## 和歌山での四度目の正月

さて、みなさま、新しい年をどのようなお気持ちで迎えられたでしょうか？

私は、大阪拘置所で一二回、和歌山刑務所で四回目のお正月を迎えました。

年数を重ねる度に、とても心穏やかな気持で、希望を抱き過ごせるように変わってきました。獄中生活に慣れきったこともありますが、私の無実を信じて活動して下さる弁護団、支援者のみなさまの励まし、心温かい支えがあるからこそ、辛い中にも幸せを感じられ、負けずに闘っていけます。

ところで、年末には「みかん」、「トランプ」、「オセロ」が配られたのですが、例年の「年越そば」(カップ麺)は、「きつねうどん」に変わり、ガッカリでした。元旦には「おせち料理」、「お雑煮」、「クッキー」、「おかき」、「チョコ」が配られて嬉しかったですが、不景気のせいでしょうか？　年々削られていくことに淋しさを感じました。

それでも、TVを観て笑い、トランプやオセロゲームを楽しみ、のんびり過ごせて幸せでしたョ。みなさまからのお手紙、カンパ金、お年賀状を受け取りました。自分のことのように、お湯が飲めたことを喜んで下さり、歯の件も気に留めていただき、ありがたいです。

今年は、「再現実験」が実施されて真実が明らかになり、「再審開始決定」を勝ち取り、一日も早く釈放されて、両親、Sちゃんのもとに帰りたいです。

(一月二日記)

## 死刑囚に励まされる

三月一一日に「東北巨大地震」が起こり、一瞬にして多くの命を奪い去り、悲しみ一色の世界となりましたね。改めて自然の怖さを感じつつ、被災された方々が大変な日々を送られていることに心が痛みます。私が地震を知ったのは夕方、特別発信の放送が流れて、「そんなに大きな地震があったの」とビックリ‼　その後、TVで津波の映像、地震のすごさを目にして、本当に恐ろしかったです。同時に、支援者のみなさまは大丈夫かナ?と、今も心配です。一日も早く平穏な生活を送れるように願わずにはいられません。心よりお見舞い申し上げます。

さて、二月二八日に「布川事件」の桜井さんが面会に来て下さり、楽しい時間を過ごせました。「再審実験」が実施される時、桜井さんも立ち合って下さると約束していただき、安心しました。私が、「早く勝利しないと再審の扉が閉まる…」と話したところ、「絶対、閉めさせない」と、心強いお言葉をもらえて、また桜井さんに、勇気と希望を与えていただき、とても元気になれました。

しかし地震が起こり、寺内さんが体調を崩されて面会できなくなったこと、「日野町事件」の阪原さんが亡くなられたこと、「連続リンチ殺人事件」のK君の刑が確定したことが重なり、心は沈んでいきました。

K君との出会いは、私が一審で負けて一番辛かった時に、「自分は死刑になる事件……でも、明るく頑張ってます……辛いけど頑張って……」と、たくさんの励まし、温かい言葉をもらいました。昨日のことのように覚えています。K君たちがしたことは許されることではないけれど、「罪を憎んで人を憎まず」の心で、彼のことを心配していました。幸い、K君には支えて下さる方がいるようで、ホッとしました。私は、K君からもらった優しい言葉は一生忘れません。
今、社会は、大変な状況ですが、どうか一日でも早く勝利できるようにご支援をよろしくお願いいします。ではまた。
（四月記）

**嬉しい二件――布川事件再審無罪と再現実験の実施**

みなさま、「布川事件」の無罪が確定しましたね。自分のことのように嬉しいです。桜井さんから「勝ったョ。本当に嬉しい。心が安らかになった。青木さんにもきますからね……」と、お便りをいただき、喜びが伝わってきて、幸せな気持になれましたし、希望が湧いてきます。

さて弁護団から五月二〇日に小山町で「再現実験」が実施されたことを聞かされ、そのDVDを観せてもらいながら説明を受けて、私は今度こそ勝利できると確信しました。完全に「自白」が崩れ去り、車からの自然発火が明らかになりました。裁判官たちも「おかしい!!」と気づき、「再審開始決定」を言い渡してくれるものと信じてます。

またSちゃんが「再現実験」に立ち合ってくれたことを知り、ビックリしたものの、とても嬉しかったです。私の父にも報告に行ってくれたようで、父も安心したことと思います。父も母の介護をしつつ、署名をコツコツ集めてくれていることを知り、家族の温かさを感じています。来月（七月）は、火災が起った月、めぐちゃんの「命日」とで、いろいろな思いをめぐらせて辛くなりますが、自分に負けず、元気に明るく楽しく生きていければ……と思います。

ところで、みなさまにはご心配をおかけしましたが、四月一二日に部分入れ歯（上九本、下六本）が入りました。はじめは慣れないため大変でしたが、今は自然な感じで不自由なく食事が出来ますので、ご安心ください。

そして、「点訳」を二年半学び、数人で本を完成させられました。今は独学で「手話」を勉強していますが、楽しくて夢中になれます。すべて念願の「再現実験」が大成功したお陰です。一日も早く、「再審開始決定」を勝ち取り釈放されて、めぐちゃんのお墓参りに行きたいし、Sちゃん、両親のもとに帰りたいので、より一層のご支援、署名集めを、どうかよろしくお願いいたします。

（六月一九日記）

**再現実験で自然発火が明らかに**

前略。地震に続いて、台風でも被害が起こっていることを知り、みなさま大丈夫ですか。お変わりなければいいのですが……。私のほうは何事もなく、元気に楽しく一日を乗り切っていますので、ご安心くださいませ。

私が捕って九月一〇日で一六年となりました。普段は、何も考えないのですが、節目の時は、どうしても考えてしまいます。今年は休日のため、目が覚めた時に「Sちゃんの手を離して、別々の車に乗せられて、あれから一六年。あの子も二五歳かあ……」と涙が出ました。

どうしても九月は当時の辛かった日々を想い出してしまいます。でも八月にSちゃんが面会に来てくれて、「再現実験」と「当時の火災」とは全然ちがうと言ってくれました。朴さんの自白に基づく再現実験と、Sちゃんが自分で体験した実際の火災が全然違うということは、朴さんの自白が嘘だということです。Sちゃんもしっかりと確認してくれたのです。

九月には、お忙しいのに桜井さんが面会に来て下さり、精神的に弱っていた私の心が元気になれてとても嬉しかったです。やはり面会があるということは幸せだなとつくづく感じました。

さて裁判の方ですが、八月二六日に証人尋問が終わり、後日、公判調書も読み、今度こそ勝てると確信しました。検察側の尋問内容には呆れたり、笑いがこみ上げるものばかりでした。裁判長からもたびたび指摘されていました!! それだけ、「再現実験」の結果について反論できなかったのでしょうね。いよいよ一〇月中には、検察側、弁護側が最終意見書を提出する予定になっています。

最後になりましたが、弁護団が実施した再現実験費用のカンパに、みなさまからの、たくさんの心温まるカンパ金が届いていると聞き、感謝しております。本当にありがとうございます。

（九月二三日記）

# 再審開始決定（二〇二一年）

**勝利の年に！**

昨年の一〇月末に、弁護団が「最終意見書」を提出して下さり、私自身も一一月一四日に「意見書」を提出しました。春には、「再審開始決定」が言い渡されると信じ、勝利の日まで、心静かに待ちたいです。

私は、今年「年女」です。「二四」という数字にも縁があるため、勝利の年にしたいです。一日も早く、みなさまと自由にお会いし、お話できる日を迎えるためにも、この大切な時期、多くのご支援、多くのご署名に、どうか、お力添えをよろしくお願いいたします。

（一月記）

（付記）突然、裁判所から、意見があるのなら書面を指定の日までに送ってくださいとの連絡があり、急いで「意見書」を送りました。異例のことだったようです。

## 再審開始決定！

弁護士さんから「再審開始決定」が出たと聞き、不安が喜びに変わり、涙があふれてきて止まりません。これまで、何度も何度も裁判官たちに裏切られ、辛い悔しい思いをしてきましたが、負けずに闘ってきて本当に良かったです。これで娘も浮かばれます。

一六年ぶりに正しい判断を下してくださる裁判官たちとめぐり会え、再審開始決定を勝ち取ることができました。裁判官たちには、真実を見抜いてくださり、心から「ありがとうございました」と、お礼を言いたいです。弁護団が、何度も「再現実験」を繰り返して真実を明らかにしてくださった努力、また多くの支援者の方々が私の無実を広めるために支援活動に取り組んでくださり、裁判所への要請、署名を届けてくださったその力のお陰で勝利を手にできたと感謝の気持ちで一杯です。ありがとうございます。

私は、一日も早く高齢の両親のもとに帰り、母の介護をしてあげたいし、息子との離れていた時間を取り戻し、息子と一緒に亡き娘のお墓に行き、「ママは、無実を証明したよ。勝ったよ」と報告したいです。検察官には、これ以上、家族との時間を奪うことなく、すぐ釈放してほしいと望んでおります。

（三月七日、弁護人から再審開始決定を聞いた青木さんの第一声）

## この日を忘れない！

私は平成二四年三月七日という日を一生忘れません。弁護団、支援する会、日本国民救援会のみなさまのお力で、「再審開始決定」を勝ち取れました。ありがとうございます。

二月二九日の午後に決定日を聞き、「いよいよ私の運命が決まる」と思うと、胸が高鳴りました。その後は、一日一日を強い気持で、なんでもプラスに考え、ただただ勝利の日を待ち望んでいました。ですが緊張のあまり、下痢、食欲不振が続いてもいました。

当日（三月七日）は、胸がドキドキして面会室に入るのに勇気がいりましたが、弁護士さんが両手で「〇」を作って下さっているのが見えた瞬間、肩の力が抜けて「良かったあ」と思い、涙があふれてきました。社会で、みなさんと共に喜び抱き合えればどんなに良かったでしょう。でも面会やお手紙を頂き、「勝ったんだよね？」と実感できるようになりました。検察官は「即時抗告」しましたが、負けません!!

（三月七日記）

## 釈放をめぐる天国と地獄　獄中ノートから

三月三〇日（金）

三月三〇日の午前中は、作業をして平凡に過ぎ去った。昼食後、突然、その場に残るように言われて、その瞬間、「えっ？　もしかして釈放？」。胸がドキッ。処遇に連れて行かれて、書類を受け取った。多くの先生たちが外にいて、おかしな空気だった。一人にされて書類に目を通すと、「四月二日、午後一時三〇分に刑の執行停止」の文字に、私は、両手を握りしめて「よし!!」と机の下でやった。あ〜、釈放される。嬉しかったけれども、信じられない気持だった。その後、舎房に行き、荷物をまとめて新入室へ。官物は返し、私物も、使わないものは全て捨てた（石けん三個、洗たく石けん一個は新しいもの）。帰る日までの間、使用する物、捨てる本のみを持って一寮での生活にかわった。

青砥弁護士も、荷物整理が終わった頃に面会に来て下さった。先生もビックリされていたけど、帰る時のことなどを話して楽しい時間だったよ!!　読めない郵便二通の告知。

夕方、鈴木さんからのおハガキが届いて嬉しかった。夜は嬉しくて、色々と考えてしまって、ほとんど眠れずでした。

こんなに幸せな夜はなかったなあ。

三月三一日（土）

朝からすご～い風と雨で春の嵐。私は、天国にいるめぐちゃんが喜こびを伝えてくれている気がした。

昨夜は、ほとんど眠れなかったため、朝からボーッとして雑誌をみていた。「ユニバーサル・スタジオ」の新しいエリアの写真をみてはSちゃんと行きたいとか、外に出てからのことを考えていて楽しかったよ!! 午睡時間も何十年ぶりかナ？ よく眠った。ラジオしかなく、TVが見られないので、夜は官本『真夜中は別の顔（下）』を少し読んだらまた眠くなり、午後八時頃から寝てしまったよ!!

四月一日（日）

この日は、お天気も回復して平穏な一日、あと一日ということもあり、社会に帰ってからのことが不安になってきた。

でも官本も気になり、一日中、官本を読んで夜には全部読み終わり、ホッとした。午睡時間も、横になって本を読み、寝なかったのに、夜は、いろいろと考えてしまって眠れない夜を迎えたけれど、心は幸せ一杯の前日だった。

四月二日（月）

いよいよ今日帰ると思うと不安と喜びがまざり複雑な気持だった。荷物も片付けて、洗たくも前日までにすませたので今日は出さず、用意して、午前中は、雑誌をみてたけど、時間がわからず、あとは、座っていろいろと考えてボーッとしてお昼を待っていた。

昼食後、呼ばれて荷物を持って新入室に行く。使っていた物、荷物の整理を終え、身体の検査も終わり、弁護士さんからの服が入ってきて、着替え、帰る準備が全て終わり、職員たちもずっと待っていた。

私は薄い服のためブルブル震えていた。そして午後一時二〇分頃だったか？ 他の職員が入ってきたので、やっと言い渡しがあり……と思ったのも束の間、「釈放の書類が届いていないので、あなたを釈放することができません。詳しいことは弁護士さんから聞いて下さい」と言われて、私は、再び、ここの官物の衣類に着替え、差し入れの服は職員が片付け、再び、弁護士さんに返すことに。

私は一体何が起こったのかパニック状態で涙も出ない。わけがわからない!!

面会室に入ると、青砥先生、加藤先生、塩野先生が座っていて、事情を聞くと、高裁の裁判長が「執行停止を取消した」とのことで力が抜けた。何も考えられない。先生たちも言葉を発せず、みんなで沈黙。こうなると私も辛くなるので、「仕方ない」と言い、辛さがこみ上げてきて、顔をふせる。塩野先生が事情を説明してくれた。加藤先生も今後のことを説明してくれた。青砥先生は「豆腐も買ってきたのに」などと話している。みんなが、今日帰れるものと信じていたのに……。今後のことを聞いて、荷物を捨てたことを話して、差し入れを頼んだ。先生たちにはまたいっぱいお金を使わせてしまって申し訳ない。

先生たちも言ってたとおり、「再審開始決定」が取消されたわけじゃない!! 勝ってるし、高裁でも負けることはない!! 新しい証拠もある!!

しかし一度、服まで着替えたあとに取消しとは、人間がすることじゃない! 私の気持をもてあそばないでー

地裁の裁判長（水島さん）は検事が抗告できない職権で決めたことと言ってたのに、なぜ?って思う。

面会後、処遇に連れて行かれて、主任と面接。今の気持を聞かれて話す。工場に戻れるか、どの工場に……? 1Aは辛いか? 他の工場は? 私は「すぐにはムリ、部屋もひとりがいい。あと一年半ぐらいかかるので、それを目標に生きていく。私は死なない」と伝えた。

四月は進級月なので、何類なのか? 「昼夜独居」だと、グループ教誨、行事に出られないとのこと。その後、上の職員がきて、私は「三類」と告知を受けた。やっぱり、いくら一生懸命やっても、私は二類になることはない!! でも、ショックもない。

釈放されないことが大きかったから……。

そして新入室に戻り、荷物の整理をして、再び一寮のもとの部屋に戻った。

すぐ作業が入れられたことにはビックリ‼　やっぱり刑務所だ‼　この日ぐらい休ませてよ‼　と思いつつ、作業着に着替えて、少しすると終わりの時間に。

ゆっくりする暇もなく、荷物の整理をしていると夕食。朝から食べてなかったので辛くても食べないと胃が痛いから、「負けない‼」と自分に言い、涙を流しながら食べた。一生忘れない夕食。

その後も片付けをして、洗たくもして、布団に入り、一日を振り返ったけど「なんでなんで」と、やっと泣けた。

その間にも、あれを捨てたとか、あれもこれも官物を借りないとなどと、そんなことばかりを考えつつ疲れてしまい、昨夜（一日）寝てないこともあり、グッスリ眠ってしまった。せめてもの救いだった。

悪夢の一日。天国から地獄に落とされたってこういうことだと思う。

裁判官は、私のこんな気持をわかっているのかナ？　あなたは血のかよった人間ですか？　一生忘れません。

（ペンを持てなかったので、三月三〇日〜四月二日の午前までのことは四月四日にノートに記入）

## ゴビンダさん、再審開始決定と同時に刑の執行停止に

六月七日、「東電ＯＬ事件」で「再審開始決定」及び「刑の執行停止」が言い渡されて、やっと、ゴビンダさんは母国へ帰れると知り、本当に自分の事のように嬉しく、胸が熱くなりました。

その一方で、「名張事件」は「再審」が認められず、その上に「死刑執行停止」まで「取消し」されたと知った時は、裁判官たちには、「人間の血が流れているのか‼」と、怒りで一杯になりましたし、とてもショックでした。ゴビンダさんの記事を読んでいて、私は、大阪高裁の裁判官達が「東住吉事件」について「無罪の心証を持ってくれなかった」から、「刑の執行停止」を「取消し」したのでは……？　と、不安になりました。「ＤＮＡ」と「再現実験」の違い？　それとも裁判官次第で、明暗が分かれてしまうのでしょうか？　まさに今、私の心は「一喜一憂」で、苦しいです。でも、奥西さん、袴田さんのことを考えると、苦しい、辛いとは言えません。だから、気持を奮い起こして、大阪高裁でも勝利できるように、最高裁が「刑の執行停止」を認めてくれるように、書面を作成中です。

来月はめぐちゃんの「命日」です。

あの火災から一七年。「今年こそめぐちゃんの供養を自分の手でしてあげたい」のです。

また、ずっと支援してくれているTちゃんが、ガンと闘いつつ、私の帰りを待ってくれています。どうか、みなさま、一日も早く、私を両親、息子のもとに帰れるように、より一層のご支援をよろしくお願いします。

（六月記）

## 支援の方々へ

日頃は大阪高裁、最高裁への要請書、署名に、たくさんご協力くださり、ありがとうございます。私も、先月末（八月二九日）最高裁に「意見書」を郵送し、気持の整理をつけました。今は、ただ、ただ、裁判官たちを信じて、釈放される日を待つのみです。

さて、九月一〇日で逮捕されてから、一七年目を迎えました。

あの辛くて、苦しくて、地獄のような取調べの日々が、まるで、昨日のことのように浮かび「今日は、刑事に、汚い言葉をあびせられたんだ……。再び、自白させられて、辛かった日だ……」と、九月一〇日以降、自然によみがえってくる記憶に、怒り、悔しさを感じては涙がでます。

でも、あの頃と比べると、私自身も強くなり、数々の試練を乗り越えつつ、成長でき、笑って生きられているのですから、幸せです。それに、支援の輪が広がって、多くのみなさまの励ましに支えられていることを、改めて、感じている日々です。

どうか、みなさま、「釈放されて、社会で、無罪判決を勝ち取る」という私の願いを叶えて下さい。ご支援をよろしくお願いいたします。最後に、一〇月二八日に火災が起こった場所での現地調査が予定されています。今はガレージとなり、建物はありませんが、現場を見ていただくことで、より無実を確信してもらえることと思います。おひとりでも多くのみなさまに足を運んで頂ければ幸いです。私も現地調査に参加できることを願いつつ……。

（一〇月記）

## 今年こそ獄中での最後の年末年始に

今、大阪高裁での三者協議（裁判所・検察官・弁護団の協議）も七回を終え、やっと検察側の予備実験日（一月末）が決まりました。この日は私の四九回目の誕生日でもあり、きっと良い結果となることと信じてます。

私は、いつ社会に帰っても大丈夫なように、「車の学科試験問題」、「手話」の勉強をしています。「手話」での歌も二曲できるようになりましたので、早くみなさまに披露したいですョ!!

今度こそ、最後の「年末年始」と信じ、明るく楽しく過ごしたいと思います。今年も一年、たくさんの励ましのお手紙、差し入れをしていただき、ありがとうございました。ど

うか、みなさま、勝利の日まで、ご支援をよろしくお願いいたします。（一二月一五日記）

# 検察の抗告で続く獄中生活（二〇一三年）

さて、「再審開始決定」から一年が過ぎましたが、検察側の引き延ばしにより、高裁での審理が続いています。さらに検察側は「予備実験」の結果を受け止めることなく、「本実験」も実施すると言うのを聞いて、怒り、悔しさで一杯です。私は、弁護団から報告を受けるたび、落胆する日々です。

## 再審開始決定から一年

また、苦しい胸中を誰にも話せない獄中生活は辛いですョ。

そんな中、「福井女子中学生殺人事件」のまさかの「不当判決」に、恐怖を感じ身体が震えて、涙が止まりませんでした。前川さんの勝利で、勇気と希望をいただきたいとの私の願いは破れ、精神的にも大きなダメージを受けました。昨年の三月七日は幸せでしたが、今年は頭痛と吐き気に襲われて、裁判に対しての拒絶反応だったのかもしれません。「再審開始」決定以降、私の心は落ち着くことなく、次々と厳しい試練が起こり、乗り越えるのが精一杯でした。一度「釈放」される寸前まで体験したため、スムーズに進まない現状を受け止められずに心が弱っていたと思います。改めて、「再審」で「無罪」を勝ち取ることの厳しさを身をもって感じています。私は、甘い考えを捨て、原点に戻り「先を考えず、焦らず、今日一日を乗り越える」という精神で闘っていきます。負けません!!

今後も多くの試練が訪れるでしょうが、その先には、無罪という喜びがあると信じています。

（三月一六日記）

## 検察が追加実験を求める

平成二四年三月七日の「再審開始」決定から、一年四ヵ月以上が過ぎ去るなか、検察側が無駄な引き延ばしを繰り返し、裁判所も黙って従う態度には、日増しに怒りが大きくなるばかりです。検察側の「予備実験」及び「燃焼実験」でも、「自白」は崩れ、科学的に証明され、真実が明らかになりました。私は「燃焼実験」の日程を知って以降、「必ず、火は点く!!」と信じつつも、不安な気持もあり、食欲を失くし、体重も四kg減るという精神状態の日々でした。それだけ、今後の私の人生を大きく左右する重要な実験だっただけに、結果を聞くまでは、正直、怖かったです。

これまで、大きな山をいくつも乗り越えて、やっとゴールに辿り着けると安堵し、さらに六月下旬には釈放されると信じ、希望と期待に夢を膨らませて楽しみに待っていたのです。

しかし再び検察側が立ちはだかり「追加実験を求める」との記事を目にした時、「この人たちには良心の欠けらもない!! 誤りを正し、自ら「取り下げ」「刑の執行停止」を認め謝罪する気持など、みじんも無い!!」と怒り心頭で気持を抑えるのが大変でした。

同時に、娘の「命日」（七月二二日）までに釈放されてお墓参りに行く願いも、昨年に続いて今年も叶わず、悔しくて、辛くて、こんな悲しいことはありません!! この屈辱は絶対に許せません!! また、裁判所も即答で「必要ない!!」と言わずに、検察側の内容を読んで採否を決めるとは、どこまで検察側寄りの審理なのか!! 大阪高裁は「刑の執行停止」を「取消す」決定を出した際、「正義に反する状況にあるとは……」と言ったのなら、今の状況については、どうなのか？ 今こうして塀の中に閉じ込めていることも、「正義に反しない」と言うのか？ 伺ってみたいですよ!! 私はこの怒りを「上申書」に書き、提出します。みなさまも、これ以上の無駄な実験を実施しないように、裁判所に訴えて下さい。来年早々、私は五〇歳になります。今年中に社会に帰り、五〇歳からの新しい人生を送れるように、両親、息子と平穏な日々が送れるように、どうかご支援をよろしくお願いします。

（七月一二日記）

### 亡き娘の年を数える

今月の一一日で亡き娘が生きていれば、三〇歳の誕生日を迎えていました。娘の年を数えた時、急に悲しみが襲ってきて、泣きました。私が、逮捕された時、私は三一歳でしたが、今は四九歳。やはり、一八年という年月の長さを感じずにはいられません。今は、「辛い」という言葉が消えて「悔しさ」「怒り」に変わっています。

この大阪高裁で、勝利できなければ、私は、娘のお墓に行くのではなく、娘のお墓に入ることになるでしょう？ こんな悲しい、悔しい人生にはしたくありません!! ですから、心を強くもって、負けずに闘っていきますので、どうかご支援をお願いいたします。社会でお会いしたいです。

## 開始されない再審（二〇一四年）

### 獄中一九年目の新年

さて、昨年は検察側の無駄な引き延ばしと、裁判所の勇気と決断力のなさにより、結果が出ませんでした。まさか、獄中で一九回目の新年を迎えることになるとは、悔しい限りです。

ですが、この屈辱の中で、私は、また成長できたのも事実です。

私は、三者協議に参加できない理不尽さを「上申書」という形に変えて意見を述べ無実を訴えることができました。しかし、一時は絶望的な心境になり、獄死した後の段取りを考えたこともありました。

でも「支援する会」の活動やみなさまからの温かいお言葉に触れていく中で、バカな考えは消え去り希望が生まれました。特にご高齢ご病気の方々からのお手紙は心にしみました。私はみなさまに支えられて幸せです。昨年、毎日放送で取り上げていただきましたが、新年早々には全国版ニュースで放送していただけそうです。「車からのガソリン漏れ」の情報が、さらに寄せられますことを期待しています。昨年（一二月二五日）父が面会に来ました。父は母と兄の面倒をみていますが、とても疲れている様子でした。私に「早く帰って来て欲しい」と言う父の言葉が辛かったです。今年こそ、必ず帰りたいです!!　みなさま、助けて下さい!!

## 支援者たちの大阪高裁包囲行動

先日（三月七日）の大阪高裁包囲行動に二六〇名、集会に一四九名のみなさまが参加して下さったとの報告を受けて、しみじみとありがたさを感じて感動しています。ちょうど

大阪高裁包囲行動に 260 名結集

私も同じ時間帯に運動場にいましたので、目を閉じて、みなさまと共に人間の鎖で大阪高裁を包囲している気持で、心を一つにしていました。すると、胸が一杯になり、涙があふれてきました。

きっと、この訴えが、米山裁判長にも届いたと、私は信じたいです。改めて、みなさまには心より「ありがとうございました」とお伝えしたいです。

さて、「再審開始」決定から二年が過ぎ去りましたが、ここまで検察がしつこいとは考えていませんでした。昨年（五月下旬）の「燃焼実験」の結果で、勝利を確信し釈放を待ち望んでいました。しかし、米山裁判長は決断せずに「追加実験」（一二月二〇日）、証人尋問（四月一五日）を決定しています。

この証人は、検察の顧問ですから、平気で真実を曲げてきますので、弁護団には、しっかりと証言を崩していただくとともに、この日（四月一五日）で三者協議も終了してもらいたいです。もう、真実が明らかになっていますので、米山裁判長には、誰もが納得の出来る正義に反しない決定を下していただきたいと思います。今年こそ‼

娘の命日（七月二二日）を社会で供養したいです。両親のもとに早く帰ってあげたいです。どうか、みなさまの心強いご支援をよろしくお願いいたします。

今日、「袴田事件」の決定が出ます。「東住吉事件」も続き、必ず勝利を手にして喜び合いたいですね。


（三月一五日）

## 上申書を書く

昨年が最後と信じていたのに、今年も支援の方々の「総会」を開くこととなり、非常に悔しい限りです。きっと、みなさまも同じ気持で、ご参加くださっていることでしょう。

今日（二八日）は、お忙しい中、お集まり下さり、ありがとうございます。さて、既に火災の原因が立証されているにも拘わらず、理不尽な三者協議が続いていましたが、今月の下旬にホンダが「給油口からガソリンが漏れる」車の検分をします。これで、より一層、真実、正義が明らかになるものと信じております。

しかし、「袴田事件」の画期的な勝利以外、不当決定が言い渡されていることに、危機感を抱いてもいます。ですから、私は「上申書」で、検察側の実験、須川教授の証人尋問についての意見、無実の訴えを書きあげて提出しました。詳しい内容については、お読みいただければ、私の怒り、叫び、屈辱がご理解してもらえることと思います。今後も、後悔しないように、自分の思いを裁判所に訴えていきますし、みなさまの「三・七大阪高裁包囲行動」が裁判所を動かしたように、私の「上申書」で勝利を手にしたいです。「今年こそ!!」と思っていましたが、娘の「命日」には間に合いそうにありません。せめて、今年中に、両親、息子のもとに帰りたいです!!

（七月）

## 進展なき三者協議

三者協議は毎月あるものの、八月、九月は前進せず、検察、ホンダは逃げ道を探してゆっくりとした対応の姿勢。本当に腹が立ちます。私は、一一月のホンダへの証人尋問、その後の釈放を信じて、一日一日を乗り越えている状況です。弁護団、支援者のみなさまが一生懸命に活動して下さっている中、私自身は、気力を失いかけています。これが、即時抗告審での審理なのか？　再審の裁判でやることじゃないの？　正直、裁判所にたいして不信感しかありません!!　九月に入り、支援者の方の訃報を受けて悲しみで一杯です。

また九月一〇日で一九年となり、一体、私はあと何年、何十年、この中にいればいいのだろう?って考えてしまいます。私の心は壊れそうでしたが、高齢の方からの温かい励ましや病気と闘いつつも多くのお便りを届けて下さる方のお気持に触れたことで、やっと元気を取り戻しつつある状況です。

ホンダの証人尋問後には、また「上申書」を提出します。裁判所に対してもっと責めていく、遠慮せず、私の考え、思いを伝えて後悔だけはしないようにしたいと思います。

### 暗いトンネルから抜け出せない

今年も残り少なくなりましたが、私にとっては、一喜一憂、喜怒哀楽の苦しい一年でした。しかし、弁護団の奮闘、みなさまの温かい激励、差し入れ、活動に支えられて乗り越えることができました。ありがとうございます。そして、一一月一七日のホンダの証人尋問が「成功した……」とのことでホッとしましたし、一月下旬には自動車工学の専門家の石濱教授の証人尋問があり、さらに給油口からのガソリン漏れが明らかになるでしょう!!

最近の報道では、ホンダの車のリコールの記事が多く、この事実も追い風となるでしょう!! ですから、あの再審開始決定の喜びから約三年の月日が費やされたものの、高裁でも再び「再審開始決定」及び「刑の執行停止」を勝ち取り、みなさまと心底から喜べる春を迎え、お会いできるものと確信しております。今、私は暗いトンネルから抜け出して、一歩一歩、確実にゴールに向かって歩んでいることもあり、心身ともにとても元気に過ごせています。一二月一日、雨の中、全国から一一〇名ものみなさまが集って下さり、米山裁判長に訴えて下さったことを聞いて、嬉しく胸が熱くなり、感謝の気持で一杯です。

さて、刑務所の中でも変化があり、「使い捨てカイロ」（三〇個まで）、「発熱性肌着」（八分丈）、「耳あて」が購入可能となり、「フリースのジャンパー」も貸与されました。「ジャンパー」、「耳あて」は移動中、部屋の中だけですが、今年の冬は暖かく過ごせていますので、みなさま、ご安心下さいませ。私は、火災以降、火が怖くなり、拘置所では「カイロ」は使えませんでした。でも刑務所は寒いため勇気を出して「カイロ」を使っていますが、使用後は冷たい場所に置いておかないと不安になります。一九年の月日が、「カイロ」の克服となりました。それと、拘置所からずっと職員のことを「先生」と呼んできましたが、先日から、「担当さん」または「職員さん」と呼ぶようにと告知がありました。ビックリしています。

みなさま、今年も一年、大変お世話になりました。多くのみなさまからお手紙、本、切手、写真、カンパをいただきながらもお礼のお手紙を送れずに申し訳ありません。この場を借りて心よりお礼を申し上げます。ありがとうございます。

みなさま、必ず、勝利を手にできますように、あと数ヵ月、全力のご支援、ご署名を、どうかよろしくお願い致します。

（一二月一三日）

# 刑の執行停止・釈放（二〇一五年）

## 今度こそ

こんにちは。「三・七の集会」に一一三名もの方々が参加して下さったとの報告を聞き、驚きつつも、嬉しく、みなさまには感謝の気持で一杯です。

大阪地裁の「再審開始決定」から、早や、三年以上の月日が費やされました。この三年の間、私は、心が折れそうになったり、気力を失ったりと、とても苦しい時を過ごしてきました。また、今年で逮捕されてから二〇年になることを改めて考えますと、言葉では言い尽せない思いがこみあげてきます。でも、やっと明るい光、ゴールが見えてきたことで、すべての事が消え去り、喜びに変わっていきそうです。まだ、四月一三日の三者協議がありますが、四月三〇日には、検察官、弁護団の「最終意見書」が提出されて「終結」します。

もちろん、私も、二〇年間の思いの丈、無実の訴えなどを「上申書」に綴りましたので、裁判所に提出します。ぜひ、みなさまにも読んでいただければ幸いです。この「即時抗告審」で、検察官は何一つ立証できていません!!　裁判所が、事実を正しい目で判断すれば、答えは一つ、勝利しかありえません!!

私は、あと数ヵ月後には、再び本当の意味での春が訪れるものと確信しています。みなさまと共に再び抱き合えるには、勝利と同時に「刑の執行停止」も手に入れなければなりません!! この釈放は私だけの問題ではなく、今後の他の事件への影響もあるので、今度こそ勝ち取りたいです。

みなさま、あと少し、より一層のご支援と署名活動をどうかよろしくお願いいたします。

（三月二八日）

## 待ち続ける日々

こんにちは。毎週、裁判所への要請、署名の提出、さらに六月一五日には、一〇〇名ものみなさまが、大宣伝行動を実施して下さり、とても心強く、感謝の気持で一杯です。今日（七月一八日）の時点でも、まだ「決定日」が分かりません。私は、六月下旬には分かり、娘の命日には帰れるものと信じて待っていましたが、叶わずです。今は、八月、九月になってもいいとの気持で、焦せらず一日一日を乗り越えています。きっと、みなさまも「まだか」との思いで私と一緒に待っていてくださると考えたら、苦しさが楽しさ、嬉しさに変わっていきます。裁判所は検察官に「特別抗告」させないぐらいの完璧な決定文を書いていると思い、みんなで勝利と釈放を確信して待ちましょう～。

さて、私は四月からミシンの作業に移り、経験がない私にとっては、毎日が試行錯誤の繰り返しで、一枚でも多く縫えるように努力を重ねています。幸いなことに、待つだけの苦しい期間はミシンという作業に集中することで救われています。また大阪地裁の時とは違って、マスコミからの取材が多く、その返信に追われていることも、助かっています。二〇年前の事を思いだし、綴る事は辛いですが、書くことによって娘の供養にもなっている気がします。息子も取材に応じ「お母さんは絶対やってない。決定日には迎えに行きたい」と言ってると聞き、涙が出ました。携帯番号も知らせてくれて、息子も待ってくれているので、必ず、勝利と釈放を手に入れて、息子に電話をかけたいです。全国のみなさまともお会いしたいですし、お礼のお手紙を送りたいので、最後までご支援、署名をどうかよろしくお願いします。

（七月一八日）

## 一〇月二六日午後二時　刑の執行停止

記者会見から

——釈放されてどのように感じましたか？

やっと二〇年ぶりに当たり前の世界へ帰って来れました。これも弁護団の奮闘、全国にいる支援者の皆さま、専門家の皆さま、そして車の情報を提供していただいた皆さまのおかげで、やっと再審開始が出て、勝ち取ることができて、釈放の日を迎えることができました。こころより感謝しています。

娘も私の今の姿を見て、「ママ、よかったね」って喜んでくれるのではないでしょうか。息子に電話しましたが、「おめでとう」と言ってくれました。両親とも元気なうちに私が釈放されて会えることが本当に嬉しいです。本当にありがとうございます。

――二〇年間のこころの支えはなんでしたか?

息子と両親、そして亡くなった娘に「ママは無実だ」と証明するまでは負けられないと、死んでも死にきれないという気持ちで闘ってきました。全国に支援者ができて応援してもらえて、いつも励みになりました。

――今、何が一番したいですか?

息子、両親に会って、そして娘のお墓に行って、無罪は確定していないが、再審開始を勝ち取り釈放されたこと、火災の原因がわかったということを報告したいと思います。

――和歌山刑務所から釈放されてどのようなことをし、考えましたか?

車中、弁護士さんに頼んで買って来てもらった豆腐の四つ角を食べて、刑務所でのことを振り払って、チョコレートを一切れ食べて、あとは気分が悪くなったので水を

和歌山刑務所から出所する

飲み、弁護士さんと話をしたり、外の景色を見ていました（豆腐の角を食べる＝出所したら真っ白な豆腐の四隅を食べて刑務所の垢を落とすという清めの儀式）。

――外の景色はどのように変わっていましたか？

二〇年の月日ですごく変わっている。火災現場に弁護士さんに頼んで寄ってもらって、支援者からいただいたお花をちょうどお風呂場のあたりにお供えし、手を合わせて、「助けられなくてごめんね。やっと出てこられました。明日は息子と一緒にお墓に行くので待っててね」と語りかけました。

――刑務官とはどのようなやり取りをして出てきましたか？

いつものとおり個人的には話すこともなく、

昼食後、所持品検査、身体検査の流れで、最後に「お世話になりました」と挨拶して車に乗り込みました。

――二三日に刑の執行停止が出てから、釈放されるまでの気持ちは？

大阪高裁で再審開始が維持されたと弁護士さんから聞いて、よかったとホッとして、そのあとで釈放は今日ではなく、二六日午後二時指定の刑の執行停止と聞いて、勝った嬉しさもあったが喜びが半分に変わり、私の中では二三日に釈放されて、二四日は息子の二九歳の誕生日だったので、その日に娘のお墓に行ける、息子の誕生日を二〇年ぶりに祝えると、喜びがすごく大きかったので、それがかなわず、勝てて嬉しいのが悲しみに

和歌山刑務所前で桜井昌司さんから花束を受け取る

弁護団とともに

変わり、その夜は悔し涙を流しました。

その次の日からは、三年前の大阪地裁で刑の執行停止がなされて、、一〇分前という時に取り消されて、、その悪夢がまた再び今日も訪れるのではないかとの不安で、ご飯も食べられず、夜も眠れず、ほんとに最後の苦しみのようなものを味わって、そしてやっと刑務所から一歩出たときにこれで今回は取り消されずにすんだなと。弁護士さんにも「大丈夫ですよね」って聞き、「大丈夫」と言われましたが、また、取り消されて引き戻されるのではないかと、精神的に今も疲れて気分が悪くなるので、心から喜びたいけど喜べないという複雑な心境です。

――裁判はどういう方向になってほしいですか。

もちろん、無罪を勝ち取りたい。早く無罪の人間になって、息子から「母親が姉を殺した」という汚名と、両親には「娘が孫を殺した」という汚名を一日も早く、自分だけのためでなく、家族のために晴らしてあげたいです。

――この二〇年を振り返って

大阪高裁決定で私が嬉しかったのは、裁判所が取調べに対して私の体調が悪かったことも認めてくださって、そのなかで娘を助けられなかったことを刑事に責められたこととか、それを読んだ時にここまで分かってくれる裁判官に出会えたことが、本当にここまでたたかってきてすごく救われた気分になりました。一日も早く「娘殺しの母親」という汚名を晴らしたい。これだけです。本当に私はなにもやっていないし、無実です。

――二〇年の中で一番辛かったのは?

判決のたびに辛い思いをしてきました。一審のときは、私も普通に暮らしていた普通の人間ですから、裁判とか警察に対しても市民の味方だって、本当に自分自身が世間知らずでこんなにひどいところだと思い知って、一審はなにかわけが分からず弁護士さんが助けてくれるだろうという感じでした。一審で負けて、裁判所というところに対し絶望を感じて、控訴審になって分からないながら一生懸命闘って実験もしてほしいと言ったけれど、私のいうことに耳を傾けてくれませんでした。一番辛いのは、最高裁が何も調べずに棄却すると。そのたびに苦しかったけれど、支援者の皆さんたちに支えられ手紙で励ましていただいて、そして、私以上に怒りをあらわにしてくださったことで、私は自分が負けた怒りよりも支援者の人たちや弁護士さんたちに申し訳ないという気持ちが勝って、その辛さ悲しみが癒されて行くという感じで、その次に向って、「負けない、負けない」と思って乗り越えてきました。

三年前の刑の執行停止を取り消されたときは、ほんとに服まで着替えてあと一〇分という時に取り消されたときは、天国から地獄の思いをして、こんなことが同じ人間ができることかなと、あの時は最近では一番辛かったです。

# 真っ白な再審無罪判決（二〇一六年）

**検察「有罪主張立証をしない」**

こんにちは。当り前の世界に戻ってきて、五ヵ月になろうとしています。まだまだ戸惑う事も多く、失敗を重ねては学ぶ、そんな繰り返しですが、「支援する会」の方々に支えて頂きつつ、元気に生きています。両親も、お陰様で元気です。

また、先月からアルバイトを始めて生活に張り合いができて、毎日が楽しく、自転車で走り回っています。さて、既にご存知の通り検察は「有罪主張立証をしない……」と一八〇度態度を変えてきました。

この日（三月一六日）は、Iさんの所の取材があり自宅で話をしていたところに、青砥先生からのメールで知ったのですが、私は茫然となり、Iさんに確認してもらい、父にも伝えたところ、驚きつつも喜んでくれました。一瞬にして、家の中は喜びに包まれました。

正直、三月一〇日の朝日新聞の記事（有罪主張……）で怒りと、検察がどんな方針なのか？と考えていただけに、私は気持をへし折られた感じでパニック状態でした。

その後、他社の取材、弁護団会議、三者協議、記者会見。祝福の電話やメールが届き、バタバタの一日でした。翌日（一七日）も取材、息子に報告をしつつ食事をしました。

しかし、今も喜びが沸いてこない状態で「なぜだろう？」と考えています。やはり無罪判決をもらうまでは安心できないのかもしれません。それだけ検察、裁判所に裏切られてきたということでしょう。

でも社会に戻り、三者協議に出席できて、自分自身の裁判と向き合い、怒りや理不尽さを感じてきましたが、体験できて良かったです。最後までしっかり闘い、八月にはみなさまと心から喜び合いたいです。あと少し、ご支援をどうかよろしくお願いいたします。

（三月）

### 五月二日　再審公判

五月二日に再審公判がありました。検察官は「無罪論告」をせずに、「裁判所に判断をゆだねる」と言いつつも、論告では確定審での主張をくり返し、私は怒りで一杯でした。ですから私は「最終意見書」と検察官の論告の内容に対しても、その場で考えて、検察官をにらみ、問いかけながら、読みあげました。

私の怒りは静まりませんでしたが、検察官の目の前で、怒りをぶつけることができて、意見を述べられたので、後悔することはありません。以下は当日読み上げた文書です。

検察官へ！

私は無罪論告が当然だと思っていましたが、検察官は自ら無罪と言わずに「裁判所の判断に任せる」と言って逃げました。責任のがれですか？　おかしいじゃないですか。今も、私が犯人だというのですか？

じゃあ、なぜ、有罪主張しないのですか？　立証すればいいじゃないですか。無期懲役と言いなさいよ‼　あまりにもバカにしていますよ‼　今頃、風呂釜に煤がついてないって、何を言っているのですか。即時抗告審で、自ら三回も実験をやったことを忘れたのですか？　いい加減にしてくださいよ‼

裁判は、有罪か無罪かを決めるところです。灰色なんて、ありえませんよ‼　私は、やってません‼　この服のように真っ白、無実です。なに一つ、真実を明らかにできなかったくせに、いつまで私を犯人だと言い続けるのですか。

また、「取調官による暴行や脅迫など違法な取調べが……」と言われ、今も取調室の密室でひどい取調べがあった事実を認めない‼　反省もしない‼　小さな子どもでも悪いことをしたら「ごめんなさい」と謝りますよ‼

立派な大人がメンツを守るために認めない。人をバカにするのもいいかげんにして下さい‼　今日の被告人尋問で私が話したことについて、あなたがたはどんな気持ちで聞いていたのですか？　私の言ったことは、すべて嘘ですか？　言葉の暴力ほど、人の心を傷つけるものはありません。同じ人間として信じられない言いわけです。絶対に許さない‼　私が犯人、灰色だと言うのなら、私にそんな言葉を吐いたことを、一生忘れないでください。人に対してひどい仕打ちをすれば、必ず自分に返ってきますので、私はその日が訪れることを待ち続けます。検察の組織は腐ってますよ。こんな、反省もしないで平気でいられるんですから、冤罪はなくなりません。

私はあなたの顔を、一生忘れませんから。そのことを覚えておいて下さい。

それから、「ガソリン漏れ」について、世間の方々が「ガソリンが漏れる」と、情報をくださっているのに、まだ「ガソリンが漏れない」と言うのですか？　あなた方の言ってることは、おかしい‼

じゃあ、なぜ火災が起きたのか。いま、この場で言って下さいよ‼

だいたい検察が犯人だと言うんだから、動機、証拠を見せなさいよ‼　すべてを、弁護団が火災の原因についても調べて、明らかにしたのです。

なぜ弁護団が立証しなければいけないのですか？

どうぞ、検察官、言ってみて下さい。バカにしすぎですよ‼

このままだと私が無罪判決をもらっても、「灰色無罪」だと言われ続けて、これから先も生きていけというのですか。冗談じゃありませんよ‼

きっちり、「真っ白の無実だ‼」と今、言い直すべきですよ。

どこまで私を苦しめればいいんですか？　検察官の論告は、本当に許せない‼

天国にいるめぐちゃんに、このようなおかしな論告を報告できません‼

裁判所には、検察官の論告について、私の「自白」について、正しく、正義に反しない、だれもが納得のできる「真っ白な無罪判決」を言い渡して下さるように、重ねてお願いします。

## 判決を待つ

八月一〇日に、裁判所がどのような内容の判決を言い渡すのか？　今は、そのことを考えていますし、謝罪をしてもらいたいと望んでます。もし判決の内容がおかしければ、裁判官に対しても意見を述べます。

五月～六月は、特に父の体調が悪く、涙が流れるほど不安を感じましたが、今は両親ともに元気でいてくれて、ホッとしています。私は集金とチラシ配りのアルバイトをしながら、自転車で自由に走り回れる幸せを味わっています。

また、車の運転も、身体が覚えていたのでしょうか。だんだんと昔のように走らせることができ、息子の新たな生活のためにも車が役に立ち、息子とのドライブも楽しめました。厳しく接しつつも、親として出来ることはやってあげたいと思ってます。

今月の二二日で娘が亡くなって二一年。やっと「命日」を社会で迎えられ、お墓参りにも行けることが幸せです。真白な無罪判決を頂き、娘を安心して眠らせてあげたいです。

あと少し、ご支援をよろしくお願いします。
（七月七日）

## 無罪判決

みなさま、長い間、ご支援をありがとうございました。八月一〇日に私の希望どおり「自白」が排除されて真っ白な無罪判決を聴いた瞬間、心から喜びがわきあがり、涙が流れました。約二一年ぶりに私は、娘殺しの母親から、娘を失くして悲しんでいる普通の母親に戻ることができ、こんなに嬉しく幸せなことはありません!!　きっと天国にいる娘が一番喜んでくれたことと思います。娘の分までしっかり生きていきます。

また、両親が元気なうちに帰ることがで

再審無罪判決の日、マスコミに囲まれ記者会見。

再審無罪を勝ち取り裁判所前での勝利集会。

きた上に、無罪判決も聴かせてあげられたことは、なによりの親孝行だと思います。息子も「良かったね。おめでとう」と言ってくれて、両親、息子も、普通の人に戻れて安心しています。こんな日を迎えられたのは、弁護団の奮闘、全国の支援者、専門家、車の情報を下さった方々、みなさま、それぞれのお力が大きな力に変わり、裁判所を動かして下さったお陰です。

振り返れば、一審で無期懲役と言い渡された時、「これが日本の裁判なのか？」と絶望しましたが、一四名の無実を信じる方々が「支援する会」を作り、「ひまわり通信」を発行して下さり、私は救われました。その後日本国民救援会の支援もあり、全国に「冤罪・

再審無罪判決　勝利報告集会。青木惠子さんに花束を渡す岸本修「東住吉冤罪事件」を支援する会会長。

東住吉事件」を広めていただき、救援会の存在の大きさ、心強さを感じました。みなさま、本当にありがとうございました。今後は両親との生活を大切にして、アルバイトも続けて息子とも仲良く付き合っていきたいです。これからは、私の体験を語り、世間に冤罪で闘っている人が多くいることなどを訴えていきます。獄中で闘っている仲間を励まし、一日も早く、私と同じ喜びを味わっていただけるように、私なりに努力していきます。

最後に、私は、国賠とホンダを相手に訴訟を行いますので、ご支援していただければ幸いです。どうぞ、よろしくお願いいたします。

（九月一八日）

# 第3部

# 雪冤への歩み

里見繁

# いつも、こんなに簡単に、冤罪は作られる

二〇一六年八月一〇日、青木惠子さんと朴龍皓《たつひろ》さんに対し、再審無罪判決が言い渡され、二人の雪冤は果たされた。終わってみれば、不幸な、しかし単純な事故だったと分かる。だが、簡単にわかるはずのことが、なぜ、込み入った計画的な犯罪としてこれまで語られてきたのか。東住吉事件を振り返るとき、そういう思いを強くする。

車の給油口からガソリンが漏れていた。そのすぐそばで、風呂釜の種火は点いたままだった。引火した。火事になり、逃げ遅れた娘が焼死した。

二二年前、青木惠子さんの自宅で起きたことは要約すればこういうことだった。痛ましい出来事だが、これはあくまで「事故」である。それがなぜ、「計画的な殺人事件」にされてしまったのか。「娘に生命保険が掛けられていた」、この事実を捜査官が知ったところから冤罪の芽は育ち始めた。捜査官の心に疑念の灯がともる。そして、出火原因が不明だった。駐車している自動車の給油口からガソリンが漏れるなんてあり得ない、という人々の（そして捜査官の）思い込みがまずあった。自動車のメーカーはその常識に乗って「もれる

はずがない」と言い切り、警察もその点をきちんと調べることをせず、「自然発火でないのなら放火しかない」と断定した。

ここから先は一直線だ。自白さえあれば起訴、そして有罪判決まで見通せる。実際にこの事件の裁判では、自白以外の証拠は何もない、と有罪判決を出した裁判官自らが判決の中で書いている。それにもかかわらず「疑わしきは被告人の利益に」という刑事裁判の原則は打ち捨てられ、二人は無期懲役を言い渡された。

以下、捜査機関がどのように冤罪を作り上げ、裁判所がそれを追認していったのか、一方、再審請求の段階では、弁護団がどのように自白の嘘を暴き、さらには出火原因を突き止めていったのか、その足取りを辿ってみたい。

## 嘘のストーリーを作り上げる捜査機関

青木恵子さんは次のように語っている。

「火事で娘が死んだ。その娘に保険が掛けてあった。その上、たまたまマンションを買う話が持ち上がっていたから、それで、その費用が掛かる。そういう勝手なストーリーを警察は作りあげた。子供が死んでいるということで、何が何でも犯人を、という思いですね」

娘に保険が掛けられていたのは事実である。二人がマンションを買う計画を立てていたのも事実である。しかし、この二つの事実から警察はまったく事実ではない、別の物語を編み上げた。そして、この嘘のストーリーが事実を押しのけて、やがて（警察のリークによって）新聞記事となり、起訴状となり、（起訴状を鵜呑みにした）判決文となっていくのである。

火災の発生から五日後の七月二七日、朝日新聞の朝刊は「東住吉の小6／入浴中の焼死放火と府警断定」という記事を掲載した。「大阪府警捜査一課と東住吉署は……」という書き出しで始まる記事は、警察の作り上げたストーリーが世間に広まっていく先駆けとなり、以後、逮捕を待たず、「保険金目当ての放火殺人」という物語が世間に流布されていくことになった。

では、捜査機関が作り上げたストーリーとはどんなものだったか。起訴状の概略は以下の通りである。

「青木恵子と内縁の夫である朴龍皓は、マンションの購入資金に困って、長女に掛けていた保険金（災害死亡保険金一五〇〇万円）を受けとる目的で、自宅に火を放ち、長女を殺害しようと計画した。そして、一九九五年七月二二日、長女を入浴させ、それに隣接する車庫の床面にガソリンを撒き、ライターで点火して火を放ち、家屋を全焼させるとともに、長女を焼死させた」

「保険金殺人」という恐ろしい物語は、新聞報道とともに近所にもたちまち広まり、青木さんと朴さんは追い込まれていく。日頃親しく挨拶を交わしていた人々が顔をそむけるようになった。捜査官によって、二人に対するあからさまな尾行も行われた。そして九月一〇日、二人は朝から出頭を求められ、その日のうちに逮捕される。

青木さんと朴さんは別々の警察署（青木さんは東住吉署、朴さんは平野署）に連れていかれ、そこで脅し、偽計などのあらゆる手段で自白を迫られた。二人は逮捕された日から自白を始めている。青木さんが自白に追い込まれる様子は手記にもあるが、朴さんに対しても様々な手が用いられた。

朴さんが取調室に入ると狭い部屋の三方の壁に亡くなっためぐみさんの写真が貼ってあり、まず、写真の前に立たされた。その後、過酷な取り調べが始まったが、そんな中で、

1　担当刑事は、座っている朴さんに「立ってみろ」と言い、立ち上がると突然両手で

首を絞め、壁に押し付けた。さらに調書の束で朴さんの頭を叩いたり、足をけるなどの暴力を振るった。（暴行）

2　担当刑事は朴さんに対して「ガソリンを撒いて火をつけたという鑑定が出ている」とか「S（長男）が、お前が土間に下りて火をつけたのを見た、と言っている」などの虚偽の事実を告げて、心理的に追い込み、自白を迫った。（偽計）

3　別の刑事が取調室に来て、担当刑事に対して「向こうは全部ぺらぺらしゃべっているらしいですわ」（別の警察署で取り調べを受けている青木さんが自白しているらしい）と朴さんに聞こえるように伝えた。（切り違え尋問）

などの違法な取り調べの手法を使って、嘘の自白に追い込んでいった。これらはすべて青木さんの取調室で使われた手法と同じもので、いわば「定番」である。

これらの取り調べ状況について、担当刑事は、後に法廷で、「違法な取り調べは一切していない」と、被告人の訴えた事実をすべて否定した。そして裁判官は、冤罪のほとんどが取調室で生まれているという状況を顧みず、弁護人の「違法な取り調べによる自白であり、任意性はない」との主張を切り捨てるのである。

この事件で警察は、自白を得るための常套手段とも言える数々の違法な取り調べ手法とともに、ある事実を、自白を引き出すための手段として利用している。

死亡しためぐみさんは朴さんから性的暴力を受けていた。青木恵子さんはこの事実を取調べ室で刑事から初めて聞かされた。「家の中でそれを知らないのはお前だけだ」とも言われた。

警察は捜査段階で掴んだこの事実を二人に突き付けて自白を迫った。自白を得るためならどんな手段も厭わない捜査機関だが、確かに効果はてきめんだったと青木さんは振り返る。朴さんには「脅しの材料」として。青木さんには「自暴自棄に追い込む材料」として。青天の霹靂だった青木さんに向かって、「お前は娘を救ってやれなかった。お前が殺したも同然や」と刑事は追及し、青木さんはその通りだと思った、と後に語っている。

朴さんが自白し、続いて青木さんも自白に追い込まれ、この自白を基に検察は二人を現住建造物放火、殺人、さらに保険金をだまし取ろうとした詐欺未遂の罪で起訴した。

ここから先、二人は、再審請求審まで別々の裁判で審理されることになる。それぞれに弁護団が組まれたが、事件そのものは一つであり、朴さんの自白が青木さんの有罪認定にも使われるなど二つの裁判は並走して進められた。

ところで、警察が青木さんと朴さんに放火殺人の嫌疑をかける導火線となった「マンションの購入計画」と「娘に掛けた保険金」について、事実はどういうことであったのか、若干の補足説明をしておく。

「マンションの購入計画」はたしかにあった。仮契約はすでに取り交わしていた。検察は裁判で「本契約までにどうしても一七〇〇万円が必要だった」と主張した。だが弁護人の調査によれば、この残金については、住宅ローン、年金融資、販売会社のローンで支払うことになっていた。さらに販売会社から二〇〇万円の利子補給（事実上の値引き）が約束されていた。そして、本契約までに諸経費など一七〇〇万円が必要だったのは事実だが、一方で、朴さんは販売会社の担当者から、もし足りない分が生じたら「その時点で相談に乗る」との返答を得ていた。当時はマンションの買い手が付かず、値引き販売が常識になっていたころで、営業マンは必死だったという。結論としては、朴さんと青木さんはお金には困っていなかった。つまり、犯行の動機がない、と弁護人は法廷で主張した。

「娘に掛けた保険金」については、青木さんの法廷での供述を引用する。

「もともと子どもの保険は郵便局の学資保険というのに入っていたんです。けれども、第一生命のTさんなんですけれども、うちの保険に入ってくれないかと、うちの保険も学資保険と一緒だからということで。で、入院してもちゃんと入院費用も出るし、とにかく入ってほしい、入ってほしいと言われて、最終的に勧められて、それだったら郵便局はやめて生命保険の方に入ろうかと。だから、私は別に、めぐちゃんが死んだ死亡保険を取るために生命保険に入ったわけじゃないし。私の方は、たしかに私が死んだら、子供二人が残って困ると思うから、自分自身には五〇〇〇万円掛けて、もしこんなことになっていなかったら、ずっと金額もアップして、少しでもあの子らが生活に困らないようにと思って、入ったつもりでしたけれども。子供の(保険)は、例えば、中学校卒業して高校に入学する時のお祝い金が三〇万出たり、もしお金がない時でも、学校の制服とかいろいろ買うにも、その三〇万下りてきたらそれで子供のために使えるし、そういう考えで入っただけです」

これらの証言内容は保険会社のTさんによって確認されている。

事実は、ほんの少し歪められるだけで、まったく別の意味を持ち始める。マンションの購入計画が、被疑者二人の際限のない欲望を象徴し、さらに購入資金をどうしても工面しなければならないという「犯罪の動機」にまで発展する。

また、捜査機関は自らが作り上げた物語を補強するために、調べればすぐに分かるような小さな嘘も随所に散りばめている。朴さんの自白調書の中には、青木さんについて「浪費癖」「めぐみと仲が悪い」「借金まみれ」などと書かれている部分があるが、これらはすべて事実に反することが後になって確認されている。自白調書は捜査官の作文である、と知っている人ならばもちろん驚かない。しかし、自白調書が被疑者本人の供述だと信じる裁判官にとっては、これらのさりげなく配置された言葉の一つ一つが、青木恵子さんの人物像について負の評価を醸し出し、それがじわじわと嫌疑を深めていく効果を持っているのである。

一審の裁判で二人は、自白は強要されたものだとして無罪を主張したが、大阪地方裁判所は九九年三月には朴さんに、五月には青木さんにそれぞれ無期懲役を言い渡した。

## 検察に追従する裁判所

一審の大阪地裁は、「マンションの購入資金の不足分、一七〇万円のためにわが子を殺害した」という検察の主張をほぼそのまま認めている。これに対して、青木さんは控訴審の法廷で怒りを抑えきれず、次のように語った。

「世間一般の常識で考えて、二〇〇万でわが子を殺す人がいますか、と。裁判所はあまりにも非常識です。考え（られ）ないです。それで、同じように、（判決文では）たかが二〇〇万で殺すのは不自然やと、一方で言いながら、逆に、しかしながら大金を手にするためにはあながちあり得ない（ことでもない）。この『あながち』というのはどういう意味か私には分からないです。ゼロパーセントだったら私を信用してくれるのかと。しかし、そんなことを私以外の人にも証明しろというのは、不可能なことを裁判所は言ってるんじゃないかと思います」

青木さんこの怒りは、常識のない裁判官に向かって、世の中の常識を教え諭しているように聞こえる。そして、ありもしない可能性を羅列して、白を黒と言いくるめていく裁判官特有の詭弁術に対して、「あながち」の一言に託して怒りを爆発させている。

「あなたたちの言っていることは、非常識だし、無意味だし、私には分かりません」

と青木さんは言いたいのだ。青木さんが怒りに震えたのは一審判決の以下の部分である。

「……確かに、せいぜい二〇〇万円程度の金額の工面を考えて、そのために本件犯行を企てるというのは、いかにも不自然さが否めないし、他からの借入れ等をも考えれば経済的な逼迫度は、それほどでもないといえるのであって……。しかし、被告人としては、なんとしてもこれを手に入れたいとの気持ちが強くあったことも十分推測できること、そのことがきっかけとなり、より楽な暮らしがしたいために、手っ取り早く大金が手に入ることを考えるということも、あながちあり得ない話ではない……」

「あながち」を辞書で引くと、「（否定表現と呼応して）一方的にそうとばかりは言い切れないと判断する様子」と書かれている（『新明解国語辞典』）。つまり、一審の裁判官は、二〇〇万円程度の金銭のためにわが子の殺害を計画するということは、普通にはあり得ないが、あながち（一方的にそうとばかりは言い切れず）あり得ない話ではない、と言っている。要約すれば、「二〇〇万円程度の金銭のためにわが子の殺害計画を立てる」ということはゼロパーセントではない、と言いたいのである。では、裁判官はその可能性は何パーセントくらいあると言いたいのか。一パーセント？　一〇パーセント？　その点は書いていないが、この文章の結論として次のように書いている。

「……共謀によりめぐみを殺害したとの供述の根幹部分の信用性が左右されるものではないというべきである」

二人で殺害計画を立てて実行したという自白は信用できる、と言い切るのである。つまり、「あながちあり得ない話ではない」程度の確率だったはずの殺害計画は、最後には一〇〇パーセントになってしまったのである。「不自然さが否めない」と裁判官自身も認めるほどの殺害計画が、なぜ「あながち」の一言を付け加えるだけで、実行されてしまったことになるのだろうか。

これを詭弁と言わずに何というべきか。マジックを見せられていると感じても不思議はない。青木さんはこのマジック＝詭弁が許せなかったのである。そして、以下に見るように、一審の判決文にはこの手の詭弁が頻繁に現れるのである。

**【自白の変遷について】**

自白調書の内容がころころと変化するのは、自白がでたらめである場合が多く、信用性を判断する際の目安になる。この事件でも、朴さんの自白には変遷があり、さらに青木さんと朴さんの自白には一致しない部分があって、弁護人は自白には信用性がないと主張した。これに対して判決は、朴さんの自白に変遷があると認めた上で、さらに、

「……（朴さんと青木さんの自白に）一致しない部分があるのはそのとおりである。しかし……完全に齟齬のないように自供書や供述調書が作成されている方が、かえって

作為的ではないかと疑う場合もあるのであって、そのようなことがないということは信用性を肯定する方向に考えることもできるというべきである」

二重の詭弁である。自白の変遷や、二人の自白内容が一致していないのは認めた上で、一致しているよりも、一致していないほうがかえって信用できるということもありうる、と言っている。仮に、自白内容が完全に一致していたなら、有無を言わせず「信用できる」と言い放つくせに、なんという詭弁。その点が第一。第二は、「……考えることもできる」として可能性が幾分かある、と言っているに過ぎないのに、結論では「信用性がある」ということにしてしまう。ここでも、わずかな可能性が最後には一〇〇パーセントに格上げされてしまう。裁判官の得意のマジックである。

整理して箇条書きにすると次のようになる。

◉自白内容が変遷し、青木さんと朴さんの供述に不一致がある。

⇩自白の信用性に疑いが生じる。

（自白の信用性が否定されれば、他に証拠はないので）

⇩「無罪判決」となるはずだ。

（しかし、これでは都合が悪い。そこで、裁判官はこれを打ち消すために）

〈第一の詭弁〉

➡「変遷や齟齬があったほうがかえって信用性がある、という方向で考えることもできる」

（裁判官独自の見解＝詭弁を展開して、その上で）

〈第二の詭弁〉

（「という方向で考えることもできる」を取り去って）

➡「自白には信用性がある」と断定する。

（自分の勝手な見解を一〇〇パーセントに格上げしてしまった。そして）

➡「有罪判決」を言い渡す。

（検察の主張通りになった）

**【火災の発生状況について】**

弁護人の提出した火災の再現実験の鑑定書では、自白通りの方法でガソリンに点火した場合には、「炎が一気に立ち上り、同時に大量の黒煙が発生する」ことが分かった。これは朴さんの自白の内容や、近所の人の目撃状況とも違っている。自白は嘘だと、弁護団は主張した。これに対して判決は、

「……朴が、黒煙の状況について一切触れる供述をしていないことや、近隣住民らの火災当初の目撃状況とも整合性を欠くのではないかといえなくもない。しかし、……（実験の方法は）忠実な再現とはいい難いのであって、右再現実験の結果をもとに、朴の供述には矛盾があるとか、実際の火災状況と異なるとかいって、朴の供述の信用性を云々するのは相当ではないというべきである。……この実験結果をもってしては、ガソリンをまいて火を放ったとする朴の供述を根本的に減殺するものとは言い難いというべきである」

実験結果を見れば、自白は整合性を欠いているといえる。しかし、実験は忠実な再現ではないので、結局、この実験によって自白の信用性を「根本的に減殺することはできない」と言っている。持って回った言い回しだが、この実験では信用性に傷はつかない、ということだ。これは、これまでの可能性の話とは逆で、始めは自白の信用性を崩す可能性があるかも知れないと言っておきながら、実験の方法に難癖をつけて、結果としてその可能性を〇パーセントにしてしまった。

これも整理して箇条書きにしてみる。

◉「火災の燃焼実験」の結果、自白が事実と異なっていることが分かった。

⇩自白は「虚偽」であり信用できない、と弁護人は主張した。
⇩たしかに「自白は整合性を欠いているといえなくもない」と裁判官が認めた。
（自白の信用性が否定されれば、他に証拠はないので）
⇩「無罪判決」となるはずだ。
（しかし、これでは都合が悪い。そこで、裁判官はこれを打ち消すために）

〔詭弁〕

⬇「実験は忠実な再現ではない」として「火災の燃焼実験」を排除した。
（実験結果の持つ意味を○パーセントにして）
⬇「この実験結果では自白の信用性はゆるがない」と判断した。
⬇有罪判決を言い渡す。
（検察の主張通りになった）

「火災の燃焼実験」を退けることが何故、詭弁なのか。この実験は確かに忠実な再現ではなかった。しかし、「ガソリンをまいて、直接ライターで火を点けた」という朴さんの自白通りの行為が、実際には危険すぎて不可能だということは確認できた。それは、現場を忠実に再現したかどうかとは関係なく分かることだ。しかし、裁判官は実験結果のすべてを葬り去った。そうしなければ、有罪判決にたどり着けないからだ。

裁判官は一見、検察官、弁護人の双方の主張を平等に吟味しているように見せかけて、実はまったくそうではない。箇条書きにして示したように、裁判官は有罪判決を出すために、つまり、検察の主張通りの結果を出すために腐心し続けるのである（箇条書きの中で、〔⇩〕は無罪方向への流れ、〔⬇〕は有罪方向への流れを示している）。無罪方向への流れをくい止めようと、詭弁を弄して立ち塞がる。有罪判決に有利に働く可能性については一〇〇パーセントまで膨張させ、一方、不利に働く可能性については〇パーセントに収斂させてしまう。

東住吉事件の長い裁判の過程を振り返るとき、この再現実験の結果を否定し、排除した裁判所の罪は非常に重い。それは、裁判を長期化させる一番の要因となった。以後、弁護団は「現場の忠実な再現」にとことんこだわらざるを得なくなり（それは再審請求審まで持ち越され）冤罪の解明は先延ばしされた。

大阪高裁は二〇〇四年一一月に青木さん、一二月に朴さんに対し控訴棄却を言い渡した。二人は上告したが、最高裁は二〇〇六年一一月に朴さん、一二月に青木さんに対し上告棄却を言い渡した。これにより二人の無期懲役刑が確定した。両弁護団はその後、二〇〇九年の夏、それぞれ大阪地裁に再審請求を申し立てた。

刑が確定して、青木惠子さんは和歌山刑務所に、朴さんは大分刑務所に移った。また、これまで別々の裁判だったが、再審請求審の途中から二つの事件は併合された。但し、再審請求の審理では公判は開かれないので、二人が顔を合わせることはなかった。

## 燃焼実験

現状では、冤罪を闘う人々にとって、再審開始への一番の近道は、多くの場合DNA鑑定だ。足利事件（再審無罪　二〇一〇年）、東電OL殺人事件（再審無罪　二〇一二年）、袴田事件（再審開始決定　二〇一四年）、これらの冤罪事件ではいずれもDNA鑑定を足掛かりにして再審開始、再審無罪に辿り着いている。しかし、この事件は違う。「放火した」という虚偽自白の核心を覆すための弁護団の度重なる実験（狭い室内では気化したガソリンは驚くほど早く種火に引火し、瞬く間に火の手は広がる）と、自然発火を裏付ける軽ワゴン車の調査と実験（ある年式のホンダの軽ワゴン車では、給油口からガソリンが漏れ出すことがある）は、これまでにはない冤罪への新しい取り組み方を示した。

以後は、朴弁護団の主任弁護人だった乗井《のりい》弥生弁護士に話を聞きながらこの再審請求審を振り返る。

「二〇一一年の小山町新実験が一番の山場だったと思います」

「長かったこの裁判の山場は？」という質問に、間を置かずに答えが返ってきた。

いわゆる燃焼再現実験である。この冤罪裁判の行方を決定づけた重要な実験が二〇一一年五月、弁護団によって行われた。富士山麓の静岡県小山町内の空き地で実施されたところから小山町新実験という名称で呼ばれている（「燃焼再現実験」は前段でも紹介したように、裁判中に何回か実施されている）。「朴さんの自白通りの方法で放火することが可能なのか」ということを確かめるのが実験の目的である。

この実験について乗井弁護士は「無知の暴露」に絡めて説明する。「無知の暴露」とは、自白に関する心理学に詳しい研究者の言葉で、「秘密の暴露」の逆もまた真理だ、という意味である。真犯人の自白には、本人だけが知っている、本人以外の者には語ることのできない「秘密の暴露」が必ず含まれている、と言われている（「殺害した遺体を埋めた場所」の供述などがその典型である）。一方、無実の人の虚偽の自白には、無知ゆえの矛盾、つまり実際に経験していないのだから、その中には現場の状況や事実に合致しない事柄が含まれているはずだ、というのである。

「この東住吉事件での有罪の確定判決の証拠構造は、朴さんの大量の詳しい自白だけなんですよ。ほとんどそれしかないんです。で、確定審の時は朴さんの自白に任意性があるかとか、信用性があるかとか。主に任意性があるか、ということで朴さんの被告人質問とか、取り調べをした捜査官とか、立ち合い捜査官とか、検察官とか、逮捕当日に接見に行った弁護人とか、その人たちの尋問に長期間（裁判の時間が）使われたんです。でも結果として任意性もあるし信用性もあるってことで有罪になり、控訴審でもそれが維持され上告審でもそれが維持されたということで、本当に（弁護人としては）朴さんの自白に泣かされた、もう駄目だと泣かされた事件だったんですよね。で、控訴審の時に『自白の心理学』という（本を書いた）浜田寿美男先生（奈良女子大学名誉教授）という自白の心理を専門にされている方が、虚偽の自白というのは秘密の暴露がないだけではなくて、逆に無知の暴露、要するに知らない、知識がないというか、無知の暴露があるっていうことを言っておられて、それがずっと心に残っていたんです。で、本当にやっていない、体験していないことを捜査官との合作で作ってしまった自白であるがゆえに、逆にここに突破口があるんじゃないかと」

「七・三リットル（のガソリン）って、結構な量なんですよ。ポリタンクにごそっと重たいしね。それを六畳ほどの狭いところで撒いて、それを自分の手で、ライターで火を点けるなんてことをしたら、自分がやけどしないってこともないし、物凄く怖いことだし、本当にそれが出来るのかとか、あるいは撒いている途中で種火に引火しちゃうんじゃないかってことは、その無知の暴露が、実際にやってみたら証明出来るんではないかというふうに思っていて、それを実現したのが、この小山町新実験なんですね。だから、自白に泣かされたけれど、虚偽自白を逆手にとって、流れを変えるという法律的意味っていうのが、この実験にはあったと思います」

「言うは易く行うは難し」である。当時と同じ部屋（車庫）を再現し、出火に至るまでガソリンを撒き続ける。そんな場所が確保できるのか。消防の立ち合いが必要になるだろう。さらに証拠とするためには専門の科学者の立ち合いと監修が必要だ。そもそも、そんな費用がどこにある。課題は山積していたが、弁護団はそれらを一つ一つ乗り越えて実験に漕ぎ着けた。

事件現場を再現しての燃焼実験は、二〇一一年五月、静岡県小山町の園芸会社の跡地を借りて行われた。青木惠子さんの自宅の車庫部分（とそれに隣接したした風呂の焚き口付近）

が可能な限り当時のままに再現された。部屋の広さや床の傾斜、排水口だけでなく、風呂釜も当時と同等のものが設置された。弘前大学大学院・理工学研究科の伊藤昭彦教授が実験を実施、監修し、准教授、大学院生が補助に当たった。ガソリンの液温は二五度に調整され、軽ワゴン車（ホンダアクティー）が当時のままの位置に置かれ、風呂釜の種火が点いている状態にセットされて、実験が開始された。

上・空き地に再現された青木家のガレージ部分（静岡県小山町）
下・傾きを自由に調節できるガソリン散布機

朴さんの自白通りに「七・三リットルのガソリンをゆっくり撒く」というのは、実は非常に危険だ。そこで実験では、傾きを自由に調節できるガソリン散布機を作り、これにガソリンの入ったポリタンクを設置して、朴さんがガソリンを撒いた（と自白で語った）位置に置いた。そして部屋の外から遠隔操作でこのポリタンクをゆっくり

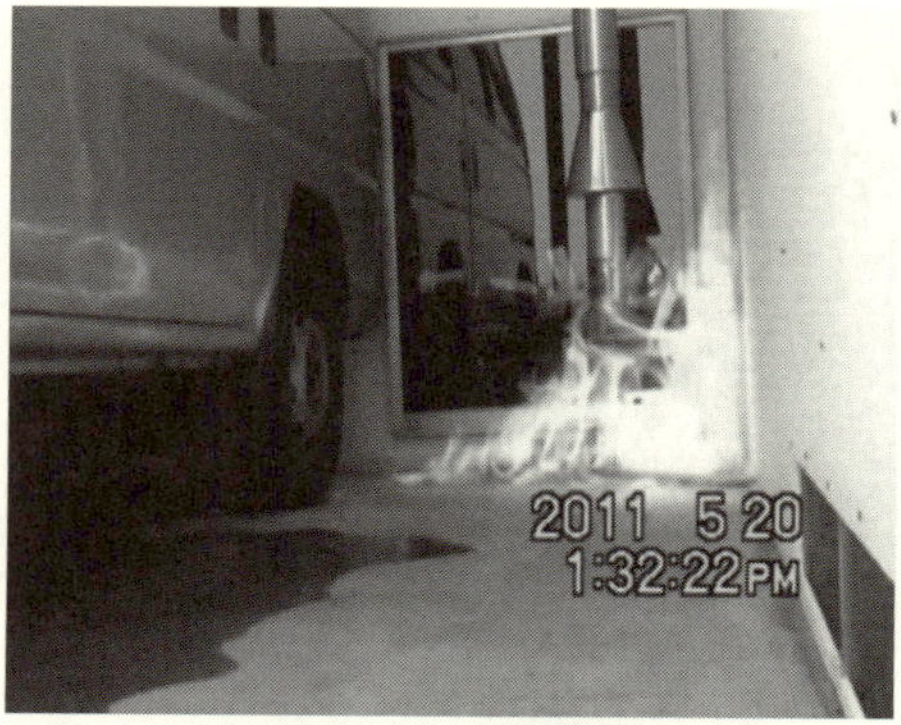

上・散布開始から約20秒で種火に引火、炎上
中・火炎は瞬時に床全体に拡がった
下・ガレージ内は30秒足らずで火の海となった

傾けながらガソリンを撒いていった。

　実験は二種類、始めは三六秒間で七・三リットルを撒き切るようにセットした。しかし、実験開始から二〇・八秒で風呂釜の種火に引火した。この時点では、床に撒かれたガソリンはまだ種火まで達していなかった。室内に充満したガソリン蒸気が先に種火まで達し、引火したのである。引火後、わずか一・六秒で火炎はポリタンクに達し、さらに引火後二秒で車庫全体に火炎が行きわたり、室内は「火の海」となった。

二回目の実験は六〇秒でガソリンを撒き切る予定であったが、ほぼ同じ結果となった。散布開始から二〇・一秒で種火に引火、引火の四秒後には室内は「火の海」となった。

まさに、弁護団の予測通りの実験結果を得ることができた。もし、本当にそんなことをしたら、つまり自白通りのことを朴さんがしていたら、自らが大やけどを負うか焼死することになる。これは明らかに事実と矛盾している。文字通り、この自白は「無知の暴露」となるはずだ。

費用と時間を掛けてやっと漕ぎ着けた実験で予想通りの結果を得ることができた。乘井弁護士は喜びより先にそのことにまず安堵したという。

「正直に言うとね、あんまり感動してないのね。私自身はもうホッとしたって感じ。確定審の時から、ずっと実験をやりたかったんですよ。確定審は青木さんも朴さんも、地裁、高裁、最高裁と三戦三敗、三戦三敗で、(二人の裁判結果を合算すると)六戦六敗じゃないですか。そんな中でもやりたかったんだけれども、場所が探せない、監修をやってくれる専門家がいない、お金もない、いろいろなハードルが高くて出来なかったんですね。で、再審請求審で裁判官がこの実験……自白に基づいて(ガソリンを）撒いてみたら途中で種火に引火してしまって、実際には実行行為は不可能だという、そういう検証をする実験をやりたいということを言った時に、裁判官が関心を示してくれたんです。やっぱり良い裁判官の時にちゃんと決めないといけないっていうのは確定審のときから凄く思っていたので、ここでちゃんと成功させなきゃいけないと。でも実際、（種火に）点くかどうか分からないでしょ。検察官の側も見ている場所だし、裁判所にも、いつどこでやるのか事前に伝えている実験だから、失敗をすると逆にマイナスになるわけでしょ」

「朴さんのお母さんも来ておられたし、青木さんの息子さんも立ち会っておられたし、いろいろな人が、それこそ二〇人以上が見ている中で弘前大学の大学院生が『イチ、ニ、サン、シ』とカウントしてくれるわけですよ。その中で、あぁいつ点くんだ、いつ点くんだという時に、二〇秒くらいで点いた時に、皆が『あぁ、点いた』『点いた、点いた、点いた』『良かった』と言ったのは覚えています。でも、私自身は『はぁ、ホッとした』って感じ。検察事務官がずっとビデオをね、撮っているわけですよね。だからそれはもう逐一裁判所にも検察官にも伝わるわけだから……。私自身はただホッとしたって感じです」

## 再審開始とその後の停滞

この実験結果が再審開始を引き寄せた。弁護団にとっての逆転ホームランと言っても過言ではない。しかし、少し横道に逸れるが、乗井弁護士は「良い裁判官の時にちゃんと決めないと……」と言っている。その意味を訊ねた。

「良い裁判官、悪い裁判官って、まぁそんなに極端に黒白をつけられる簡単なものかどうかというのはあるんですけど、ザクッとした言い方をした時に、今の日本の刑事裁判って自白偏重なんですよ。自白というのは基本的に密室、要するに誰も検証できないし、誰も（取調室の中で）何があったか分からない。ただ対面させられている被疑者と、取り調べで自白をとろうと思っている捜査官によって密室で行われたものが、そのあと絶大な力を発揮する。で、それが起訴の根拠になり、裁判官が有罪の事実認定をする力になるんですよね。その怖さを知っている裁判官と、それをあまり疑問に感じない裁判官。その人間の怖さって言うのかな……」

「全然話は違うんですけど、家の中でも、一番強いお父さんに（悪いことをしたとは思っていなくても）ごめんなさいって言うとかね。殴られそうになったら、私が悪かったと言って謝っちゃうっていうのは、自分の色々な行動とか色々な人生とかを誰かに委ねている時の弱い人間というのは、その人に迎合するとか、自分の身を守るためにある程度の嘘をつかざるを得ない、（そういう）状況を弁護士はよく見ているんだけど、まさに取り調べ中の捜査官、国家権力である捜査官と被疑者はそういう関係にある」

「そうやって（作られた）自白は、怖いものだということを分かっている人と分かっていない人（がいる）。だから、分かっている人は、動かしがたい客観的事実からまず事実を詰めていって、そこに自白を当てはめるということをするんだけれども、そうでない人というのは、まず自白でストーリーを作って（それだけで）何とか説明する。裁判官も二通り（の人がいる）。だから、どの裁判官にあたるかは運です。運なんですよ。で、弁護士としてはその運なんてものをじっと待っていたらいいというわけじゃないから。ある一定の確率で良い裁判官が来るわけですよ。で、その時に、良い時にちゃんと決めなきゃいけない。ダメな時にはいくらやってもダメなんです。そこは怖いと言えば怖いですよね。良い人に当たるか当たらないかによって、人の人生が変わってしまう。多分、構造自体を変えないと……ただひたすら良い裁判官にあたってくださいというふうに思っているなんて。やっぱり、構造自体を変えないと」

ここでは、現在の刑事司法の抱える大きな問題点がふたつ同時に語られている。問題点の第一は取調室の可視化。そして、第二は裁判官の自白偏重、検察追従をどう克服するか。どちらも冤罪を生む最も大きな要因である。可視化については少しずつだが動いている。しかし、裁判官の問題については手つかずの状態である。そこで現状では「良い裁判官に当たること」が唯一の回避策となっている。それが本当の解決に繋がらないことは誰もが分かっている。だが、この論点に深入りすると話は際限なく広がっていくので、ここで、いったん話を元に戻す。

二〇一二年三月、大阪地裁は再審開始を決定した。燃焼実験が裁判所を動かしたことは間違いない。検察が即時抗告して裁判は大阪高裁に移ったが、燃焼実験の結果ははっきりと「自白は信用できない」ことを証明していた。つまり、自白以外に証拠のないこの事件では、この実験結果は「無罪判決」までまっすぐに続いているように見えた。検察の抗告は簡単に退けられると思われた。しかし、裁判はここでぴたりと止まってしまう。この不可解な停滞の理由は何なのか。

「地裁の再審開始決定というのは、まさに自白の信用性が崩れて、（自白の内容が）不自然不合理である以上、やはり（有罪判決に）合理的な疑いが生じてきたということで再審開始決定が出たんですよ。抗告審で小山町新実験を弾劾するために、検察官が、これは愛知県小牧市のある民間の施設内で、小山町新実験と同様の実験と多少実験の条件を変えたものを三回やって、それでもやっぱり、結局（ガソリンを）撒いている途中で火が点いちゃって、要するに弁護人の小山町新実験を弾劾するどころか、逆に裏付ける形で出たんです」

「その時に弁護人としてはもう十分でしょ、弁護人がやっても検察官がやっても一緒、自白が不可能だということになったなら、自白しか有罪の証拠がないのにこれ以上の審理は不要でしょう？　だからもう結論を出してくださいと言ったにも関わらず、（裁判長が検察官に対して）いやいや、自然発火、いわゆる火災原因論についての検証を検察はしないのですかと水を向けたんですね。あの、水を向けたのはどういう意味があるのかということは弁護団の中でも議論をしました。善意に解釈すれば、確定審で六戦六敗、最高裁が二回とも有罪だというお墨付きを与えてしまっている事件をひっくり返そうと思うんだから、とことんまでやらないといけないということで言ったのか。（もう一方では、このままいくと）やっぱり無罪だと、しかし、抗告棄却を出すためにまだ迷いがある、ということで（火災原因論の話を）出したのかということで凄く議論が分かれました。悲しいかな、裁判官って後で聞きに行っても教えてくれないのね。本当は聞きたいんですよ。聞きたいんですけど、教えてくれないから、それはどういうことであいう訴訟指揮をしたのかというのは未だに分からない部分があります。でも、弁護人としては、理屈の上では、そこまで（つまり）真犯人を捕まえてくるところまでは被告人、弁護人の仕事ではないと。本件で言えば、真の火災原因、具体的な危険性があって、今回の火災はこうなって、こういう状況で起こったのですよという説明義務は私たちにはないと。でも青木さんと朴さんを刑務所から出すには、（それが）必要だということを今、目の前の裁判官が言っている以上、これはとことんまで付き合うしかないでしょうというふうに腹をくくって……」

「自白の信用性」を崩すことによって、最も重要な証拠が消え、「有罪判決に合理的な疑いが生じた」時点で、裁判は終わるはずだ。それで再審開始となり、再審で無罪判決となる。真犯人は誰か、（この事件でいえば）本当の火災原因は何だったのか、というところまで立証する責任は弁護人にはない。乗井弁護士の言うとおりだ。しかし、実際には大阪高裁の米山正明裁判長は審理を引き延ばし、つまり、すでに大阪地裁で出ている再審開始決定を宙に浮かせたまま、ぐずぐずと先延ばしにした。

その真の理由は未だに不明だと、乗井弁護士は言う。筆者はここで、法律家ではない一取材者としての私見を述べたい。抗告審の裁判官が考えていたことと関係があるのではないかと思うからだ。

これまで多くの冤罪を取材してきた。一〇件は超える。それにも拘らず、地元の関西で発生した東住吉事件を取材しなかった。それには理由がある。一言に詰めて言えば「冤罪」だという確信が持てなかったからである。それは裁判所が下した判断とは全く関係がない。これまで取材してきた冤罪の多くはすでに最高裁で有罪が確定している事件がほとんどであった。裁判官が間違えるのは日常茶飯事だという確信さえ持っている。では、この事件で、なかなか「冤罪」の確信が持てなかったのはなぜか。事件の記録を一読した時に以下のように考えた。放火ではない、とすれば自然発火だ。しかし、そうだろうか。自宅の中に車庫がある、という構造の家は大阪の下町や京都の古い町家《まちや》にも多くあり、特別な構造ではない。もし、自然発火なら他にも同じような火災が発生しているはずだ。だが、そんなニュースは（少なくとも筆者は）あまり聞いたことがない。放火と自然発火を天秤にかけた時、放火の確率の方が断然高いのではないか、というのが第一の疑念だった。恐らく、捜査官も同じように考えたのではないだろうか。

燃焼実験の結果を見た後に、ある雑誌向けに初めてこの事件の原稿を書いた。この時にはかなりきちんと書面にも目を通し、冤罪を確信もした。しかし、第一の疑念は、実は消えていない。「自白がでたらめだ」ということは実証された。だから法律的には「再審開始」以外の道はない。どうせ捜査官の作文であるから、その捜査官のミスが明るみに出ただけだ、というのがその時点での正直な感想である。しかし、火災の原因は何かという点は、この実験では解明されていない。ガソリン蒸気がガソリンよりも早く種火に達する、というのは「目から鱗」だった。自分の無知を恥じるしかない。しかし、ガソリン蒸気にしろ、ガソリンにしろ、現場にはガソリンそのものが存在した、という事実が厳然としてある。ガソリンはなぜ、そこにあったのか。それは朴さんではないと信じても(いや、信じればこそ)、事件は未解決のままだ。外からの侵入者などの不審人物は確認されていないのだから。

このような状態が続き、この事件についてはどこかで深入りを避けるような気分になっていた。だから、米山正明裁判長が「火災原因論についての検証はしないのですか」と検察官に水を向けたこの一言は、筆者の素朴な疑問を言葉にしたものでもあった。

繰り返すが、裁判は「燃焼実験」によって自白の信用性が崩れた時点で、実は決着している。検察は敗北し、弁護団が勝ったのだ。しかし、その火災の真相は未だ分からない。弁護人が言うようにそれは「弁護人の仕事ではない」。だが、裁判官の心証はどうだったのか。火災原因を究明しないまま、検察官の抗告を退けて「再審開始」を支持することに躊躇を感じたのではないか（たとえそれが裁判官の訴訟指揮の範囲を超えていたとしても）。筆者はそんなふうに想像している。

そしてこの結果、弁護団は裁判長の発言に答える形で新たな証拠を提出するのである。それが「軽ワゴン車からのガソリン漏れの実験」であった。ガソリンが何故そこにあったのか、その理由がこの実験によって解明されたのである。

## 軽ワゴン車からのガソリン漏れ実験

弁護団が、本来は提出する必要のない証拠、と位置づけるこの実験結果が、裁判を前進させることになったのである。筆者の疑念をも打ち砕いてくれたこの実験について、乗井弁護士は次のように語る。

質問「実験では、事件と同じ型の軽ワゴン車を使ったということですが、そんな旧型の車を見つけるのは大変だったのではないでしょうか」

乗井弁護士「確定審の時点では、他のメーカーの車から（ガソリンが）漏れるという情報はポソッポソッとあってね。それを、その所有者にお話を伺いに行ったりとか、写真を撮ったりとか、漏れた原因を消防に問い合わせたりしていたんですけど、(ホンダの車でなければ)本件との関係性がないということで検察官が同意せず、裁判所もそれ(=検察の主張)を聞き入れて結局、証拠にならなかったんですよ。だから、同じメーカーの同じ型の車の、特に給油口から漏れるという情報は本当に知りたかったんですよ。でも実際はね、これも運なんですよ。探して出てきたんじゃないんですよ、向こうから来たんです。

再審開始決定が二〇一二年の三月七日に出て、流れが大きく変わった。大阪地裁が再審開始決定を出して、六戦六敗が七戦一勝になったわけでしょ。で、そこで大きく流れが変わるわけなんだけど、この事件が全国の人の関心を呼ぶ事件になって報道されたんですよ。それこそNHKとかいろいろな民間の各局も。で、それを見た千葉のある方が、『あ、同じ車だ』と。『僕のところにも同じ車があるけど、漏れますよ』と。『満タンに給油して、しばらくするとポトポトポトポトと何百ccか漏れますよ』という情報を向こうから弁護人に連絡してくださったんですよ、再審開始決定が出た翌日か翌々日くらいに。それで、二人の弁護人がその二日後くらいに千葉の方に飛んで行って、話を聞いて、証拠化するためにビデオで撮り、みたいな形で始まったのがガソリン漏れの証拠化です」

しかし、この証拠はすぐには裁判所には提出されず、弁護団の手元にあった。

「むやみやたらに土俵を広げて時間が掛かってしまうと、（刑務所の）中にいる人は本当に一日も早く出たいわけだから、無駄に土俵を拡げるのはやめておこうということで出さなかったんですけど、裁判官の訴訟指揮があって、やっぱり自然発火説とか火災原因論についても、裁判官が心証形成のためにほしいと言っている以上はとことんやりましょうということで、その千葉の方の（証拠）も出し、他にいろいろ探して寄せられた情報提供の方のも出し、（最終的に）四台の車をメーカーの関連施設に集めて、メーカーの技術者と検察官の前で、『漏れる』という検証をしたと、そういうことです」

「ガソリン漏れ実験」は二〇一四年六月、大阪にあるホンダの関係施設で行われた。全国から四台のホンダ・アクティーが集められ、弁護団のほか、検察官、ホンダの技術者数名が立ち会った。ガソリンを満タンにしてから給油口の蓋を閉めて、その後一〇分間、エンジンをかけて暖機運転した後、エンジンを止めた。

この結果、A車は、暖機運転を始めて三分後からガソリンが漏れ始めた。初めはポタポタという程度だったが、その後、糸を引くように漏れた。計測は一五分間で中止したが、この間に漏れ出たガソリンの総量は三四六ccであった。同様にB車、C車とも暖機運転中からガソリンが漏れ出し、一五分間で漏れ出した量は、B車が二五三cc、C車が二三五ccだった。D車のみ一〇分間の暖機運転中には漏れ出さず、その後、車の左後方を四・五㎝、ジャッキで持ち上げたところガソリンが漏れ始めた。五分間で漏れ出した量は約三〇cc、更に蓋を開けたところ六六ccのガソリンが漏れ出した。

四台の車において、ガソリンが給油口から漏れ出る様子はそれぞれの間近に据え付けられたムービーカメラによって克明に撮影された。

燃焼実験と共に、この「ガソリン漏れの実験」はテレビでも大きく取り上げられた。ガソリンが漏れ始める瞬間の映像は迫力があった。視聴者は、この冤罪事件を解決に導くためにあたかも探偵団のような活躍を見せた弁護団の、その象徴的な手柄としてこの映像を見たはずだ。しかし、弁護人の心境はそこからは遠かったようだ。

「なぜガソリンが漏れて、それがどうやって点いて、どうやって火災が起こったのか。基本はね、（そのようなことは）家で火事が起きて、家族を亡くした人が説明する義務があることではないんです。だって、世の中には原因の分からない火災もあるわけだし、実際に被災した人は火災の専門家でも、燃焼の専門家でも、ガソリンの専門家でもないわけだから説明する義務なんかないんですよ。ところが、日本の刑事裁判では自白を取られてしまって、それに重きを置かれて有罪判決になったということから、事実上、被告人というか弁護人というかこちら側に、なぜ火災が起きて、なぜその娘さんは死んでしまったのかということを説明する義務が課せられてしまった」

「同じメーカーの車からそれも大量に、何百ミリリットルが漏れ出るということが証明出来たっていうのはまさに無罪を勝ち取るために凄い力になった。それは間違いない事実です。でもやっぱり強調しておきたいのは、本来はそこまで被告人、弁護人がやるべきではないし、それをやったから勝てたんだというふうに結論づけるのはおかしいと思います」

勝利した裁判について語ってきたはずなのに、ここでは、乗井弁護士の口調が少し怒りを含んでいる。

「刑事裁判の理想形はね……」

と言ったところで、乗井弁護士はしばし沈黙した。この展開は理想の形ではない、ということか。

「目の前の事件をどう終わらすかっていう苦しさが弁護団の中でもあって。凄く葛藤があった時期です」

有罪、無罪は裁判官の心証で決定される。その分水嶺が偏り過ぎていないか。公平ではない、と乗井弁護士は考えている。しかし、そこまで踏み込まなければ、請求人の身柄は刑務所の中に置かれたままだ。「ガソリン漏れの実験映像」は弁護団の議論の末に、苦渋の選択として裁判所に提出されたものだった。

有罪の証拠がなければ無罪だ。しかし、裁判所は動かない。無実の証拠が今、求められている。この弁護団の苦渋こそ、「疑わしきは被告人の利益に」という大原則を忘れ、「疑わしきは罰する」に固執する日本の裁判官の実態を如実に示しているのではないだろうか。

## 再審無罪

二〇一五年一〇月二三日に検察の即時抗告が棄却され、同時に青木恵子さんと朴龍皓さんの刑の執行停止が決定された。三日後に二人は釈放され、一方、検察は最高裁への特別抗告を断念した。二〇一六年四月二八日に朴さん、五月二日に青木さんの第一回再審公判が開かれ、即日結審した（再審では再び、青木さんと朴さんは別の裁判となった）。

二〇一六年八月一〇日、大阪地裁は青木さん、朴さんにそれぞれ無罪を言い渡した。検察が控訴を断念して、判決が確定した。乗井弁護士は判決の内容について、「自白の信用性」だけでなく「自白の任意性」についても認めず、証拠排除したのは画期的な判断だったという。

「私はほぼ一〇〇点だったと思っています。無罪という結論を出すのに、逆にそれ（自白の任意性）を回避してもその結論を出そうと思えば出せるわけです。自白の信用性がないから、ほかに証拠がないので有罪の立証が出来てなくて、無罪だということにして書けたわけです。そうではなくて、そもそもこの自白そのものの取られた経緯にこれこれの問題がある、と言って自白の任意性にまで踏み込むというのは、結論を出すにあたって不可欠でもなかったわけですよね。ほかの言い回しで結論を出すことも出来たのに、そこまで言ったということは、私は踏み込んでくれたということで、凄く意義のある判決だと思っています」

質問「ホンダに対して、不誠実だという思いはありますか」

「あります。はっきり言ってあります。やっぱりね、専門家と素人の力の差を本当に如実に知らされた。天下のグローバル企業じゃないですか。彼らは多分、全部知っているんですよ。でも自分たちに不利なことは、そっちが知らないんだったら教えてあげないよ、みたいな感じがあって。そういう意味では、この刑事裁判の中での対応は凄く不誠実だと思った部分があります。高裁の裁判官も、それをある時期から分かり始めたと思うんです」

「私たち素人が一生懸命勉強していろいろ言ったところで、（ホンダ側は）設計図面も見ていないのにどうしてそんなことを言うんですかという。いや、では設計図面を見せてくれるんですかと言っても見せないわけでしょ。やっぱり不誠実であったと思いますよ。その不誠実さを裁判所もそうだというふうに（認識し、それを）味方につけたところが良かったのかなと」

こうして裁判は終わった。乗井弥生弁護士は、この弁護団の活動について「少年探偵団のような気分でした。真実が次々に解明されていくのを間近に見ることができた。苦しかったけれど、充実していた」と振り返った。この冤罪での弁護活動は、独自の燃焼実験をしたり、ガソリン漏れの軽ワゴン車を探し出したり、まさに走り回り、行動する探偵団であった。特に「軽ワゴン車のガソリン漏れの実験」は、出火原因を特定する上で決定的な役割を果たしたと言える。しかし、乗井弁護士がすでに語ったように、「燃焼実験」ではなく、この「ガソリン漏れの実験」によって再審開始が決まるという裁判の実態が、逆に日本の司法の問題点を明らかにしている、とも言える。単純化すれば、いくさの勝敗は既に決していたのに、公平でない裁判官がぐずぐずして軍配を上げなかったので、仕方なく、弁護団としては使いたくない大砲を使ってまでも追い打ちをかけざるを得なかった、ということになる。だが、おそろしい仮定だが、もし、弁護団がこの大砲（「ガソリン漏れの実験」という重要な証拠）を持っていなかったら、裁判の行方はどうなっていただろう。そして、実際には、ほかの冤罪事件を眺めてみれば、どう見ても勝敗が決しているにも関わらず、裁判官が軍配を上げない事件が、この国にはたくさんある。停滞している冤罪裁判のほとんどがそうだと言っても過言ではない。その意味では、やはり、この大砲は勝利の要だったのであり、青木さん、朴さんを「無罪」以上の「無実」に導いた原動力だったといえるのではないか。そして、そこまで走り回り、足で証拠を獲得した弁護団の闘いぶりは、検察追従の裁判所を動かすための新しい戦略を示しているのではないだろうか。

## 再審請求より前に「無罪」だと考えた裁判官が一人だけいた

最高裁が青木恵子さんの上告を棄却したのは、二〇〇六年一二月一一日だった。これにより無期懲役が確定した。この時の最高裁の裁判官は、津野修、中川了滋、今井功、古田佑紀の四名だったが、棄却決定が出る直前の二〇〇六年一〇月までは、滝井繁男判事が裁判長としてこの事件を担当していた。滝井氏は一〇月に定年退官して最高裁を去り、その後、二〇一五年二月に亡くなっているが、実は、この事件について「無罪」の意見を書き残していたことが分かった。

「滝井裁判官の意見」は二四ページに及ぶ書面で、滝井氏の死後、親しい関係者に引き継がれたものを共同通信の記者が手に入れ、記事として配信した。この関係者によると、書かれたのは在職中のことだったが、最高裁内部で受け入れられず苦悩していたという。そして、滝井氏の退官から一か月余り経ってから、残った裁判官四人の全員一致で青木恵子さんの上告棄却を決定した。

滝井裁判官の書いた意見書面、つまり幻の無罪判決を見てみる。

滝井裁判官は、一審、二審判決を子細に検討したうえで、唯一の証拠である二人の自白について、

「果たして真実が述べられているかどうかの検討をおろそかにしてはならず、とりわけ本件のような特異な事件では、動機として示されていることの合理性とそこに示されていることが客観的状況に合致しているかの解明は自白の信用性を判断するに当たって何よりも重要なことであったと考えるのである」

と述べている。正に、乗井弥生弁護士が「自白が怖いものだと分かっている裁判官とそうでない裁判官がいる」と言ったとおり、滝井裁判官は「自白が怖いものだ」と分かった上で、「真実が述べられているかどうかの検討をおろそかにしてはならず」と釘を刺したのである。こうして、自白の信用性、任意性を安易に認め、有罪判決に突き進んだ一、二審判決に「待った」をかけ、事実の積み重ねの重要性を説く。

例えば、犯行の重要な動機とみなされた「家計の逼迫度」について、

「記録によれば、被告人はガレージ代として毎月4万円を母親に遅滞なく支払っており、このことは被告人の家計がさほど逼迫した状態ではなかったことを示すだけでなく、いざとなれば母親から借りることができたという被告人の弁明も一概に否定することはできないことを示すものである。現に、被告人は火災後、葬儀費用など必要となった費用も友人から借りているのであって、借り入れるあてが全くなかったという朴の供述は明らかに事実に反するのである」

また例えば、朴さんの自白にある、青木さんの「浪費癖」について、

「朴の供述中に被告人に浪費癖があるということが再三出てくるのに、そのことを示す証拠は見当たらないのである。確かに被告人はクレジットやカードローンを利用しており、そのことは浪費と結びつけて考えられやすいものである。しかしながら被告人がそれを利用したのは朴の収入が給料生活者のように定期的なものではないため、不足時にこれを利用したというのであって、その利用を直ちに浪費と結びつけることのできるものではないのである。

むしろ、記録によれば、被告人は毎日三食の食事内容と出費を克明に記録する家計

簿を付けており、これを本件火災後も付け続ける几帳面な性格の持ち主であることが窺えるのである。そして、この家計簿によれば、被告人は、毎月、項目別に支出を整理し、支払いの予定を立てた上、必要によって生じた借金の返済も計画的に行おうとしていたことが窺われるのであって、これによってみる限り、被告人が浪費癖の持ち主であるとは到底認めることができないのである」

事実を積み上げ、自白の綻びを発見していく。一審の裁判官が「たかだか二〇〇万円で殺すのは不自然である」と認めながら、「あながち」の一言を付け足して「犯行の動機としてあり得ないことでもない」と逆転させ、最後には「自白は信用できる」と断定してしまった、その論法=詭弁とは全く正反対の方法で自白の中にある「本当」と「嘘」を見極めようとしている。

この意見書面を読んだ青木さんは、「これまで、こういう裁判官には出会ったことがなかったので、感慨深いと同時に驚きです」と感想を語った。しかし、その一方で他の裁判官への怒りを感じたという。

「最高裁のほかの四人の裁判官は、滝井さんが定年で辞めるのをじっと待っていたんでしょうね。そして、いなくなってから棄却決定を出したんです」

青木さんの弁護団は、上告中に、五人の裁判官の意見が割れているという情報を掴んでいた。上告棄却の決定が出た時期と滝井裁判官の退官の時期を考えれば、青木さんの推測は間違っていないはずだ。

滝井裁判官は最後に、

「(原判決が)無意識的にしろ自白が信用できるものであるとの前提に立ってそれを検討したため、自白と離れてもその内容が合理性を持っているかの検討作業を十分にしていないため、その内容の持っている問題点を軽視し、その核心部分については信用性に疑問を抱かなかったのではないか考えるのである。しかしながら、自白を離れてその内容が当時の具体的状況のもとにおいて自白にかかる犯行が行われたと考え得るかを検討すれば、不自然さや非合理さが目立ち、信用性の疑問を抱かざるを得ないものが少なからずあることが分かるのである」

として、自白の信用性について疑問を投げかけた。一審、二審の裁判官が「無意識的に」、つまり深く考えず、不自然なところも、事実と合わない不合理な点も（実際にはたくさんあったのに）それを軽視して見過ごしてしまった、と言っている。

「無意識的に」というのは意味深長だ。ここには、裁判官の日頃の自白偏重と検察妄信への批判、皮肉が込められているように思えてならない。

滝井裁判官は、続けて次のように言う。

「そうであれば、そのような自白が任意になされたのか、取調過程において不当なことがなかったかについて再考を迫り、核心部分についての自白の信用性への疑問にもつながったのではないかと考えるのである」

つまり、「家計の逼迫」「青木さんの浪費癖」などの、事実に合わない事柄を朴さんが自白するということは、その自白が本人の意思ではなく、捜査官によって無理やり作られたものではないか、それを吟味する必要があり、当然、自白の信用性も怪しくなってくるという。そして、

「……これを破棄しなければ著しく正義に反すると考えるべきである。よって、更に

上記疑問点を解明するため、原判決を破棄し、原審に差し戻すのが相当であると考える」

と結論付けた。事実上の無罪判決である。

滝井裁判官の定年退官が一年先だったたら、と考えることに意味はないだろう。棄却決定が一年先延ばしされただけかも知れないのだから。

再審請求の過程で行われた二つの実験によって、青木さん、朴さんの無実は目に見える形で立証された。そして、再審無罪判決を得た。しかし、振り返ってみると、それ以前の裁判では、地裁、高裁、最高裁において二人とも三戦三敗、合わせて六戦六敗だった。関わった二〇人以上の裁判官が全員、間違っていたのである。定年退官した滝井裁判官だけが、ただ一人、正しい答にたどり着いた。但し、それは表には出なかった。これが今の裁判所の現実である。

## 青木惠子さんの新たな日々

二〇年を越える獄中生活を終えて、青木惠子さんの新しい生活が始まった。

「娘のお墓に行くことが一番の望みだったから、それがかなって、本当に嬉しかった。息子とも再会できた。何よりも、両親が生きている間に帰ってこられたということで、両親も喜んでくれた。それが一番の親孝行だったなと……」

出所後は実家に戻ったが、現在は市内のマンションで一人暮らしをしている。そこから、ほぼ毎日、近所の実家まで出かける。年老いた両親の身の回りの世話や、通院の運転手役をしていると一日が終ってしまうという。

もちろん、何もかもが順調というわけではなかった。出所して実家に戻ったばかりのころには、どうしても風呂に入ることができなかったという。シャワーを浴びるまでは何とかできる。しかし、湯船につかることができなかった。

「お風呂はやっぱり怖いですよね」

と青木さんはいう。火事でめぐみさんが死亡した直後は、(この時もしばらくは実家に世話になっていたが) 風呂場に行くだけで吐き気がしてきたという。その後、刑務所では職員に見張られ、二〇分で何もかもしなければならず、考える暇もなく、それがかえって良かった。ところが、出所してみると、二〇年以上経っているというのに、

「開けっ放しでシャワーだけ浴びる。とにかく一五分で出てくる。それ以上入っていると吐き気がしてくる」

一人暮らしのマンションに変わっても、同じ状態が続いていたが、ある時、支援者の一人から柚子を頂いた。食べてもいいが、残ったら柚子湯にしてください、体が温まりますからと言われたそうだ。それがきっかけとなって、初めて湯船につかることができた。今は五分程度なら入っていられるという。そうやって少しずつ娑婆の暮らしに慣れていく。

事故当時八歳だった長男はすでに社会人となり働いている。息子との付き合いについても、

「難しいですよね、八歳で別れているから。その子がもう急に二九歳になっているっていうことが。私の中では八歳のままで止まっているし。二九歳なんだっていうことはわかっているけど、どう接して良いか、どういう言葉を言ったら良いのか、会話が出てこない。向こうは向こうで、（私が）出てきたことは喜んでくれているけど、どういうふうに私に接したらいいのかわからないし、お互いに分からないまま上手くコミュニケーションが取れないっていう……。もちろん会話もそんなに弾まないし、何

を話していいかわからないからね。すごく、なにか、嬉しいけど戸惑ってよけいに気を遣うというか」

そんな時、両親も入れて四人で旅に出た。それが転機になったという。

「両親と息子も一緒に、城崎温泉に旅行に行った。両親は早めに寝て、息子と二人になってそのなかで少し話をした。テレビの番組のこととか。刑務所では二一時には寝るから、その生活のリズムがあって、やっぱり社会に出ても二一時には眠たいんですよ。眠たくて長く起きていられなくて、でもせっかく息子と二人きりになったんだからと思って、その中で刑務所の話も出てきて、こんな時間には寝ているとか、友達のこととか、それを一、二時間くらい話した」

「民宿みたいなところで皆が一緒に布団をひいて寝た。隣に息子が寝ているというそんな普通の人が見たら当たり前のことが私にとっては二〇年ぶりのことだったので嬉しかった。そこからちょっと会話も出るようになって。最近、息子が一人暮らしで引っ越すことになって、引っ越しの手伝いとか、一緒に車に乗って電化製品を買いに行くとか、そういうこともして、すこしずつ、無理をしてやるんじゃなくて、自然のままでお互いにもう大人だし。私も正直、自分の生活のリズムを作っていくのと親の面倒を見るだけで精いっぱいで、息子の面倒までは……。だから自分のことは自分でやってほしいということも言ってある。私は私でやっていくし、お互いに迷惑をかけずに、何かあったら相談する、そういう親子っていうか友達みたいな、そんな関係でいられたらいいなって、私は思っています」

最近は、少しずつアルバイトをしながら社会復帰を目指しているという青木さんだが、今後はほかの冤罪者の支援についても、できる限り関わっていきたいという。

「いろいろなところから来てほしいという声がかかってくる。声がかかれば私はどこへでも行って、自分の体験を話すという、そういうことをしていこうと思っている。で、今もやっているんですけど、獄中で同じ冤罪で苦しんでいる人たちとの手紙のやりとり、励ましの手紙、逆に私もその人から手紙をもらって励まされた部分もありますし……。だからそういう人たちを一人でも多く助けるための力にね、私一人では力もないし何もできないけど、自分の体験を語って、やっていない人間でも自白をしたりするんだよ、ということを伝える運動っていうか、活動をしていこうかという思いはあります。桜井さんたちと一緒にやっていけたらなって考えています」

青木さん自身が裁判中に元受刑者の桜井昌司さん（冤罪・布川事件で殺人犯とされたが、その後雪冤を果たした）から励ましを受け、支えられたという経験がある。判決に絶望して、獄中で一生を過ごすのかと悲嘆に暮れている時に、ふらりと面会に訪れた桜井さんが「あなたもいつか出られるから」と明るい口調で言ってくれた。文字通り「地獄で仏」だったという。冤罪で苦しむ人に手を貸すことは先に雪冤を果たしたものの使命だ、というのが桜井昌司さんの口癖で、青木さんもこの考え方に共鳴している。冤罪の苦しみを誰よりも知っているのは冤罪被害者自身であるから、雪冤を果たそうとする人にはこれほど力強い味方はない。

戦後の新刑事訴訟法の下で、重大事件の犯人とされながら、再審によって無罪となった女性は、徳島ラジオ商事件の冨士茂子さん（再審無罪　一九八五年）以来だが、冨士さんの場合は死後再審での無罪判決だった。「娘を殺した母」からの雪冤を果たした青木惠子さんの存在とその発言は今後の冤罪の支援活動の中で異彩を放ち、新しい力となるに違いない。

二〇一六年一二月二〇日、青木惠子さんは国と大阪府を相手取って一億四五九七万円の国家賠償を求めて大阪地方裁判所に提訴した。青木さんは「なぜ、冤罪が起きたのか。真相を明らかにしたい」と裁判に踏み切った動機を語っている。

さらに二〇一七年一月三〇日、青木さんは本田技研工業（＝ホンダ）を相手取って、「重大な注意義務違反があった」としておよそ五二〇〇万円の損害賠償を求める裁判を起こした。青木さんは「ホンダのアクティ（事件当時、朴さんが乗っていた軽ワゴン車）には燃料タンクの圧力が上がりやすい欠陥があり、ガソリン漏れへの対策が不十分だった」と主張している。そのうえで「再びこのような事故を起こさないために、ホンダはリコールをすべきだ」と訴えた。

## そして、冤罪はなくならない

事件発生から青木さん、朴さんの無罪判決まで二一年がかかった。世界中を見渡しても例のないほどの人権侵害だが、日本のほかの冤罪事件に比べて特に長期間とも言えない、という実情にさらに驚かされる。戦後の新しい刑事訴訟法（一九四九年より施行）の下でも、日本ではずっと冤罪が生まれ続け、その構造は旧刑事訴訟法の時代とまったく変わらない。

警察は見込み捜査で「怪しげな人物をしょっ引き」、「無理やり自白を取り」、検察は「無罪を示す証拠を隠して」起訴に踏み切る。成績第一主義がその背景にある。そして裁判所は「検察を妄信して」、きちんと調べないまま「疑わしきは罰する」。ここにも、最高裁を頂点とする狭い縦社会の中での成績第一主義と、有罪判決さえ出していれば目立たず、睨まれることもないという事なかれ主義がある。これらの悪しき構造、あるいは司法に携わる者の精神構造は、旧刑事訴訟法から続く弊害である。そして、それを断ち切るための法律の改正だったはずだが、新刑事訴訟法の下でも、ごく初期の段階から（例えば免田事件は改正の年に発生している。再審無罪判決は三四年半後の一九八三年）冤罪は発生し続け、「冤罪を防ぐ」という理念は結局、日本の刑事司法の仕組みの中では定着しなかった。

東住吉事件もまた、延々と続くこの国の冤罪史の一ページに加えられることになった。最後に、乗井弥生弁護士と青木惠子さんに「なぜ、冤罪はなくならないのか」、尋ねてみた。

乗井弁護士「人間って間違いはするんですよ、必ず。神様じゃないから必ず間違いをするんです。で、捜査官も最初から悪意の人だとは思いません。娘さんはなぜ死んだんだろう、火災原因は分からない、じゃあ、この親たちが怪しいのじゃないか、といろいろな嫌疑が重なってきて……。悪意で何かをでっち上げたとは私は思っていないんですけど、でもどこかでやっぱりボタンの掛け違いがあったと、気付く場面はあったと思うんです」

「どの段階かで辻褄が合わないとわかった時が必ずあったと思うんです。例えば、九月二五日の起訴の前に大阪府警は、検察官の指示を受けて、消防の協力の下でちゃんとした模擬家屋を作って燃焼実験をやってるんですよ。今回の小山町新実験と同様にね。風呂釜とかは再現してないけど、同様のガソリンを撒いて点火して、みたいなことをやっていて、やっぱり黒煙は物凄く一挙に燃え上がるし、本当に一瞬にして天井まで届くような火炎になった。この段階で、それこそ曇りなき眼で見たらね、（朴さんの自白が虚偽だと）分かるはずなんです。ところが、起訴を止められなかったんです。私はやっぱり立ち合い検察官、立件した検察官の責任は重いと思っている。そこで止められるのは、多分、大阪府警ではなくて検察官なんですよ。だって検察官が起訴状を作って起訴しないとこの事件は刑事公判には乗らないわけだから。起訴する前に燃焼実験でそういう結果が出ているにも関わらず、ちょっと待てと、もうちょっと慎重な捜査をしてみようと思わなかったというところに、止める力というか、修正する力というか、それが働かなかったのがやっぱり日本の刑事裁判の構造的な問題だとつくづく思います。誰も止められなかった、裁判官も含めてね。それがやっぱり冤罪がずっと起こっている原因かな、とつくづく思います」

青木さんは法律家ではない。しかし、その答えは明快だった。

「一番初め、警察が悪い。その警察が調べたことをもういっぺん検事が判断する時に、起訴するかしないか、きちんと判断できていない。最後、一番悪いのは裁判所です。裁判所が検察の悪い証拠だけ目にして、私が法廷でいくら無罪を訴えても、取り調べのひどさを訴えても、全然わかってくれない。そういう裁判官たちが結局、私に有罪と言い続けたんですから。裁判所の責任は凄く大きい。だから、難しいと思うけれど、証拠に基づいて、証拠も動機も見当たらない、これはちょっとおかしいな、と少しでも思ったらきちんと無罪と言うのが裁判所の仕事だと思う。そういう裁判官ばっかりになったら冤罪は生まれないだろうし」

正論である。言葉使いは平明だが突き詰めれば青木さんは「疑わしきは被告人の利益に」と言っている。裁判官が胸に刻むべき第一の言葉だが今では死語となっている。法律を習ったことのない青木さんだが、自らの二〇年を越える体験を通してその理念の重さを実感したのだった。しかし、いつものことだが、冤罪被害者からのこの告発は、聞いてほしい人の耳には決して届かない。そして、冤罪はなくならない。

# あとがき

私が、この本を出版したいと考えたのは、自分自身が冤罪を晴らすまでの記録を残しておきたかったことと、ひとりでも多くの人に「冤罪」について、知って欲しいと思ったからです。

冤罪は決して人ごとではありません。ある日、突然、あなたも冤罪に巻き込まれる危険性があることを、どうか頭の片隅に入れておいていただきたいのです。

そして、一度、冤罪に巻き込まれると、本人だけでなく家族の人生まで狂わされてしまいます。裁判でいくら無実を訴えても分かってもらえず、有罪＝犯人とされてしまうのです。その後は、果てしなく長い時間、自由を奪われ続けます。私は、二一年もかかって無実を証明できたのですが、他の冤罪事件の闘いを考えると、二一年で無実を勝ち取れて幸せだったと思わずにはいられません。

今年（二〇一七年）六月二八日、「大崎事件」の決定が言い渡される日に、私は鹿児島地裁にかけつけました。「大崎事件」というのは、一九七九年に鹿児島県の大崎町の牛小屋で男性の遺体が見つかった事件で、男の義姉の原口アヤ子さんと元夫たち四人が犯人とされた事件です。原口さんは一貫して訴え、懲役一〇年の受刑後再審を求めてきました。

裁判所前はすでに多くの支援者、弁護団、マスコミの人たちであふれていました。「布川事件」の桜井昌司さん、「足利事件」の菅家利和さんと合流し、支援者の方々ともお話させていただきました。ワクワク、ドキドキ、勝利を願う熱気で、突然、雨までやんでしまいます。私は、「みなさんと共に勝利の瞬間を味わいたくて、大阪から来ました。絶対に、勝ちます!! 一緒に喜び合いましょう」と挨拶し、入廷する弁護団を拍手で見送りました。

いよいよ決定が出ると待っていましたが、残念なことに、私は、正面に行けませんでした。でも、走って来る弁護士さんが一瞬見えた時に、「これは勝った!!」とわかるほど、穏やかな表情をされていたのです。前の方の支援者の方が「再審開始だ!!」と叫ばれて、あちらこちらで歓喜の輪ができ、私も「良かったぁ~」と言いつつ、弁護士さん、支援者の方々と抱き合いました。あらためて、この瞬間に立ち合えたことに感激し、私の時もこんなふうにみなさんが喜んで下さったのかなと胸が熱くなりました。原口さんのお陰で、私も社会で味わう勝利の喜びを体験することができました。この感動は一生忘れられません。

私が勝利した時は、獄中にいたため、再審開始が決定されたときの社会がどんな状況だったのかを知らなかったのです。弁護士さんが接見室で待っている所へ私がドキドキしながら入って行き、おそるおそる弁護士さんの顔を見ると、両手で○を作って下さり、ホッとして椅子に座って「良かったぁ～」と言い、肩の力が抜けました。弁護士さんと話している時は、勝利の喜びがありましたが、接見室から出て工場に戻る間に、まるで何事もなかったような感じになり、作業に戻り、いつもと同じように過ごしていると、「私、勝ったのかな？」と自問自答して、不安になったりしました。淋しい勝利でしたョ。

これが社会と獄中の違いでしょう。マスコミの取材も受け、記者会見にも同席させていただき、夜には祝杯のお酒をおいしく飲ませてもらいました。みんなが原口さんの「再審開始決定」で幸せな気持になれたのです。

しかし、検察は「即時抗告」をしたのです。絶対に許せないです。原口さんは、三十八年間も「あたいはやっちょらん」と、無実を訴えて闘い続けてきて、今、九十歳です。検察のメンツのために、どこまで苦しめられるのでしょうか。原口さんの命あるうちに、一日も早く再審無罪を勝ち取るために、今後も私にできることは応援していきます。

昨年の一二月一九日に、「鈴鹿事件」の判決を傍聴するため、自分の国賠の提訴を翌日にひかえているにもかかわらず、車を運転して名古屋高裁にかけつけました。「鈴鹿事件」というのは、二〇一二年鈴鹿市で男性が殺され、共同経営者の加藤映次さんが犯人とされた事件で、無実を訴える加藤さんに津地裁は懲役一七年の有罪判決を下していました。私にとってはじめての裁判傍聴で、メールが既読となっており、加藤さんのアリバイが成立していたので逆転無罪判決が言い渡されるものと信じていたのですが、まさかの控訴棄却。もう私は頭にきて、裁判所に一言、言いたかったのですが、タイミングがわからず、悔しさと怒りしか残りませんでした。

ご本人の気持は手に取るように分かりますが、ご家族の思いを目の当たりにして、私の両親、息子も、こんな思いで判決を受け止めたのかなと感じることができました。

不当判決後、加藤さんの奥さんが涙を流されている姿をみて、私は黙っていられませんでした。思わず、「まだ、上告審がありますから、一緒に闘っていきましょう……」と、なぐさめにもならない言葉をかけていました。報告集会にも参加して、私の体験を語らせてもらったあと、ご両親と支援者の方々と食事をしながら話しました。

ご両親の姿、息子を助けてあげたい必死の思いを聞きながら、私は私の両親の姿と重なり、獄中で闘っている本人も辛いですが、社会で生活しつつ、両親または、息子の無実を晴らすために、奮闘されているご家族の大変さ、ご苦労、辛さ、悲しみを知れば知るほど、やるせない気持ちになります。

私は、ご縁があって関わらせていただいた冤罪事件、獄中で闘っている冤罪の仲間を、助けたいという気持は強くありますし、私が、味わった勝利の喜びを一日も早く仲間にも味わって欲しいからこそ、これからも自分が体験したことを語っていきます。唯一、それが私にできることだと思います。

さて、私が、冤罪に巻き込まれる切っ掛けとなったのは、火災の原因が分からなかったことでした。

①家の鍵が閉まっていたことを、正直に話したことで、内部の犯行だと疑われていったのです。

②娘に生命保険がかけられていたこと（学資保険型のもので、死亡保険金を目的にしたものではありません。家族全員が入ってました）。

③借金があったこと（どこの家でもあるんじゃないですか？　車二台のローンが、多くをしめていました）。

④マンションの諸費用が必要だったこと（まだ、ローンも通っていない中で、なぜ必要になりますか）。このような事などから、警察は、勝手なストーリー（マンションを買うために、娘を殺して、娘の生命保険金を手に入れる）を作りだして、事故を事件に変えてしまったのです。

毎日、毎日、朝から深夜まで厳しい取調べを行い、「お前がやったんやろ」と、犯人と決めつけて、「自白」をさせるのです。「自白」をさせれば、ハイ、事件は解決です。検察も、動機、証拠をでっちあげて、矛盾だらけの「自白」を検証することもなく、あっさり起訴してしまうのです。

一度、犯人だと決まれば、どんなことがあっても、証拠をねつ造してでも、組織ぐるみででっち上げた虚構を守り続けます。これが、警察、検察の実体で、ただただ恐ろしい限りです。私は、逮捕されるまで「警察は市民の味方だ」と思っていましたが、冤罪を晴らすために二一年をかけて闘い続けるなかで、私は世間知らずで、なんでこんなアホなことを思っていたんだろうと、恥ずかしくなりました。

そして、唯一、私の無実を分かってもらえると信じていた裁判所も、私がいくら法廷で訴えても、耳を傾けてくれません。検察の言い分を信じて、無理矢理有罪にされてしまいます。

もちろん、再審で無罪になれたのですから、きちんと証拠を調べて「自白」の矛盾にも気づき正しい判断をして下さる裁判所もあります。ですが、これだけ多くの冤罪事件が起こっているのは、やはり裁判所、裁判官次第で誤った判断がされてしまうのでは……と思います。

それでも、無実を証明するためには、裁判所に裏切られても裏切られても、勝利を信じて闘っていくしか道がありません。果てしなく長い道のりですから、途中で諦めたり、投げやりになったり、もうだめだと思うこともあります。しかし、私が負けずに闘ってこれたのは、両親、息子のためもありますが、「娘殺しの母親」という汚名を背負ったままでは死んでも死にきれないという強い気持と、無実を証明するという目標があったからです。また、弁護団、支援者の方々の励まし、支えがなければとても闘い抜けなかったです。

幸い私は、「東住吉冤罪事件」を支援する会、日本国民救援会の支援を受けることができました。まったく顔も知らない、話したこともないたくさんの方々が私の無実を信じて下さったことには驚きましたし、大きな喜びがありました。逮捕以来、親友のほか誰も私の無実を信じてくれず、どん底にいた私にとって支援者の方々の存在は大きかったのです。そして共に闘い抜けたこと、勝利を味わえたこと、また社会に戻ってからも、今も私を支え続けて助けて下さっていることに、ありがたいの言葉しかありません。

支援者の方々に助けていただいたことにたいして、私から支援者の方へお返しすることはできませんが、冤罪を晴らそうと獄中で闘っている仲間のために活動していくことで、少しでもお返しできればと考えています。

支援者のみなさまには、心より、お礼を申しあげます。本当にありがとうございました。

そして弁護団には、逮捕された翌日から、ずっと変わることなく弁護をしていただけたことは、幸せなことだったと思います。裁判で負けるたびに弁護団の数が増えていきましたが、新しい視点で闘えたことも良かったことだと思います。

私は弁護団に対して、よく文句を言い、怒ったりもしましたが、裁判で負けたからといって弁護団のせいだと思ったことは一度もありません。悪いのは裁判所ですから、負けた時に謝られることはとても辛かったです。

振り返ってみますと、はじめて弁護士さんと会った時に、私は口癖のように「お金は払えませんよ。それでもいいのなら……」と言っていたことを思いだしてしまいます。それだけ警察の取調べの中で、弁護費用についてよく言われていたので、心配でたまらなかったのです。

でも、私の無実を信じて下さり、最後まで見放さずに、負けても負けても諦めることなく弁護活動をし、共に闘い、私を無罪にして下さったこと、一緒に勝利を喜べたことに、あらためて弁護団に心より感謝しお礼を申し上げます。ありがとうございました。

以下にお名前を挙げるのは、逮捕の翌日から再審無罪まで、私のために弁護して下さった弁護士さんです（関わっていただいた順に書いてあります）。

①斎藤ともよ弁護士、②河原林昌樹弁護士、③塩野隆史弁護士、④加藤高志弁護士、⑤

下村幸雄弁護士、⑥小川和恵弁護士、⑦青砥洋司弁護士、⑧井原誠也弁護士、⑨寺田有美子弁護士、⑩山田庸男弁護士、⑪上地大三郎弁護士、以上です。

　私は、昨年二〇一六年の八月一〇日に、真っ白な無罪判決を勝ちとりました。二一年闘って、無罪が証明できたことは幸せでした。

　このまま両親の面倒をみつつ、アルバイトをして息子夫婦とも仲良く付き合いながら平凡に静かに暮らしていくことが、両親、息子夫婦にとっては、安心できて、良かったことだとは思います。しかし私は、このまま黙って終わることはできません。だから二〇一六年一二月二〇日に国賠訴訟、二〇一七年一月三〇日にホンダ訴訟を起こして、再び闘う決心をしました。

　私が国賠訴訟を起こしたのは、警察、検察は、自分たちの過ちを認めず、謝罪もしないからです。なぜ、私が逮捕されなければいけなかったのか？　なぜ、しっかりと捜査をして、火災の原因を調べなかったのか？　事実を明らかにして、反省し謝罪したうえで、「東住吉事件」を教訓に、もう二度と冤罪者をうみださないように、してもらいたいからです。

　私を取調べた主任刑事は、テレビの取材に対して、「二人はやっている、自供書を自分が書かせられるわけがない……」などと、平気で答えています。再審で無罪になっても、警察、検察は、「犯人だ」と言い続けるのです。これでは、私の冤罪が晴れたとは言えません。私は再審で勝てたことにより、国賠訴訟をする権利を手に入れたのですから、冤罪をなくすため、獄中で闘っている仲間のためにも、私は闘い続けます。どうか、この本を手に取って下さったみなさまにもご支援をよろしくお願いいたします。

もうひとつ起こしたホンダ訴訟についてですが、私は冤罪を晴らすために今まで闘ってきたのですが、その願い、目標がかなった今、なぜめぐちゃんが亡くならなければならなかったのか、と考えるようになりました。裁判の中で、ホンダの車からガソリンが漏れることが分かったのです。現在もガソリンが漏れるホンダの車が何台も走っていることが明らかになったのです。私には、めぐちゃんと同じような被害者を、もう二度と出してはいけないとの思いがあります。

ホンダがもっと早くに、しっかり自社の車について調査していれば、火災の原因が放火ではなく、車からのガソリン漏れだったことが分かったはずです。ホンダもガソリン漏れについて認めません。謝罪もしません。

私は、ホンダに対して、車からガソリンが漏れた原因を明らかにし、謝罪とリコールを求めて、訴訟を起こしたのです。

この本を読んで下さったみなさんにとって冤罪の怖さ、大変さが少しでも伝わり、興味を抱いていただけたら幸いです。

また、この本が、冤罪を失くすための力、獄中で闘っている仲間の励みになれば幸いです。

この本を読んでくださったみなさまにも、心よりお礼を申上げます。

そして今年の七月二二日は娘の二十三回忌です。天国にいる娘に供養としてこの本を捧げます。


最後に、私が本を出版できましたのも、関西大学社会学部教授の里見繁先生に、「本をだしたいけど、無理だから諦めてます」と話したことが切っ掛けとなり、インパクト出版会の深田卓さんをご紹介いただき、出版が実現しました。里見先生、とくに深田さんには原稿を早く送れずに、最後までご迷惑をおかけして申し訳ありませんでした。

私の願いをかなえて下さった里見先生、深田さんに心よりお礼申しあげます。

ありがとうございました。

二〇一七年七月一二日

青木惠子

朴さんの上告棄却、無期懲役確定。2007 年 6 月 大分刑務所へ。
12 月 11 日 最高裁（津野修裁判長、中川了滋・今井功・吉田佑紀裁判官）、青木さんの上告棄却、無期懲役確定。2007 年 7 月和歌山刑務所へ。

**2009 年**
7 月 7 日　朴さん、大阪地裁へ再審請求申立て
8 月 7 日　青木さん、大阪地裁へ再審請求申立て

**2011 年**
6 月 16 日　朴さん、青木さんの裁判、併合に。

**2012 年**
3 月 7 日　大阪地裁（水島和男裁判長、和田将紀・長峰志織裁判長）再審開始決定。12 日 検察、大阪高裁へ即時抗告申立て。
3 月 19 日　刑の執行停止決定（4 月 2 日午後 1 時 30 分から）
4 月 2 日　大阪高裁（米山正明）刑の執行停止を取消決定。
4 月 9 日　弁護団、刑の執行停止を求め最高裁へ特別抗告
9 月 18 日　最高裁（大谷剛彦裁判長、田原睦夫・岡部喜代子・寺田逸郎・大橋正春裁判官）特別抗告棄却決定

**2015 年**
10 月 23 日 大阪高裁（米山正明裁判長、住谷比呂美・船戸宏之裁判官）即時抗告棄却決定、刑の執行停止決定。
10 月 26 日 青木さん、朴さん、釈放。

**2016 年**
4 月 28 日　朴さん、第 1 回再審公判、即日結審。
5 月 2 日　青木さん、第 1 回再審公判、即日結審。
8 月 10 日　午前 大阪地裁（西野吾一裁判長、森里紀之・伊藤圭子裁判官）は青木さんに無罪判決。検察が上訴権を放棄し確定。
午後 大阪地裁（西野吾一裁判長、森里紀之・伊藤圭子裁判官）は朴さんに無罪判決。検察が上訴権を放棄し確定。
12 月 20 日 国賠訴訟提訴

**2017 年**
1 月 30 日　ホンダ訴訟提訴

参考資料「東住吉冤罪事件」を支援する会編『東住吉冤罪事件記録集　真犯人は風呂釜の種火と気化ガソリン』、『ひまわり通信』など

## 冤罪・東住吉事件年表

### 1995年

7月22日　大阪市東住吉区青木惠子さん宅の1階土間兼車庫内の軽自動車の底部付近から出火し全焼。長女（11歳）が逃げ遅れて死亡。

27日　朝日新聞が「東住吉の小6／入浴中の焼死 放火と府警断定」と報道。

9月10日　早朝、青木惠子さん、朴龍晧さん、刑事に「任意同行」され、長時間にわたる取調べの末、「自白」、逮捕される。

9月30日　二人は「マンション購入費用等の170万円を手に入れるため、長女にかけられていた災害死亡保険金を手に入れることを共謀、朴が自宅に放火し長女を殺害した」として、現住建造物放火、殺人罪で起訴される。

10月13日　詐欺未遂罪で、追起訴。

12月19日　大阪地裁で朴さん初公判。

### 1996年

1月12日　大阪地裁で青木さん初公判。

### 1999年

3月30日　大阪地裁（川合昌幸裁判長、吉井広幸・佐藤建裁判官）は朴さんに無期懲役判決。即日控訴。

5月18日　大阪地裁（毛利晴光裁判長、板野俊哉・佐藤洋幸裁判官）は青木さんに無期懲役判決。即日控訴。

### 2000年

5月　東住吉冤罪事件・青木惠子さんを支援する会発足。

7月19日　大阪高裁で朴さん、初公判。

10月10日　大阪高裁で青木さん、初公判。

### 2001年

1月　「東住吉冤罪事件」を支援する会に名称変更。

### 2004年

11月2日　大阪高裁（白井万久裁判長、的場純男・磯貝祐一裁判官）は青木さんの控訴棄却。即日上告。

12月20日　大阪高裁（近江清勝裁判長、白神文弘・森岡孝介裁判官）は朴さんの控訴棄却。即日上告。

### 2006年

11月7日　最高裁（上田豊三裁判長、藤田宙靖・堀籠幸男・那須弘平裁判官）、

**青木恵子**（あおきけいこ）
1964年生まれ。1995年7月自宅が火災事故にあい、9月火災事故を殺人事件として立件され、99年5月、大阪地裁で無期懲役判決、2006年最高裁で確定する。一貫して無実を主張し、2016年8月10日、再審無罪判決を勝ち取る。

**里見繁**（さとみしげる）
1951年生まれ。民間放送のテレビ報道記者を経て、2010年から関西大学社会学部教授。著書に『自白の理由―冤罪・幼児殺人事件の真相』インパクト出版会、2006年、『死刑冤罪―戦後6事件をたどる』インパクト出版会、2015年などがある。

**写真提供**
元「東住吉事件」を支援する会　110、129、130、131頁
東住吉事件弁護団　121、155、156頁

**ママは殺人犯じゃない――冤罪・東住吉事件**

2017年 8月10日　第1刷発行
2017年 8月25日　第2刷発行

著　者　青　木　恵　子
　　　　里　見　　　繁
発行人　深　田　　　卓
装幀者　宗　利　淳　一
発　行　インパクト出版会
〒113-0033　東京都文京区本郷2-5-11　服部ビル2F
Tel 03-3818-7576　Fax 03-3818-8676
E-mail：impact@jca.apc.org
http:www.jca.apc.org/~impact/
郵便振替　00110-9-83148

モリモト印刷

## 死刑冤罪——戦後6事件をたどる

里見繁 著　四六判 360 頁 2500 円＋税　ISBN978-4-7554-0260-9

免田事件、財田川事件、松山事件、島田事件の四件は再審無罪判決を勝ち取った。雪冤・出獄後も続く無実の死刑囚の波乱の人生をたどる。好評 3 刷

## 免田栄 獄中ノート——私の見送った死刑囚たち

免田栄 著　四六判 243 頁 1900 円＋税　ISBN978-4-7554-0143-5

獄中 34 年 6 ヶ月、無実の死刑囚・免田栄は処刑台に引かれていく 100 人近い死刑囚たちを見送った。死刑の実態と日本の司法制度を鋭く告発する自伝。

## 「鶴見事件」抹殺された真実

高橋和利 著　四六判 224 頁 1800 円＋税　ISBN978-4-7554-0214-2

私は冤罪で死刑判決を受けた　ずさんな捜査、予断による犯人視、強権的な取調べの実態を克明に記述した体験記。著者は今も確定死刑囚として獄中から訴える。

## 死刑と憲法

年報・死刑廃止 2016 A5 判 250 頁　2300 円＋税　ISBN978-4-7554-0269-2

憲法に、公務員による拷問及び残虐な刑罰は認められないとある。しかし 1948 年の最高裁の死刑合憲判決から 70 年、なぜ死刑は未だに存置されているのか。

## 死刑囚監房から

年報・死刑廃止 2015 A5 判 250 頁　2300 円＋税　ISBN978-4-7554-0261-6

死刑廃止国際条約の批准を求めるフォーラム 90 の行った確定死刑囚へのアンケート集。閉ざされた獄中からの自己省察、冤罪を訴えなど、さまざまな声。

## 袴田再審から死刑廃止へ

年報・死刑廃止 2014 A5 判 278 頁　2300 円＋税　ISBN978-4-7554-0249-4

無実の罪で 48 年間獄中にあり精神を蝕まれた袴田さん。彼の存在自体が死刑制度はあってはならないことを示している。

## 逆徒——「大逆事件」の文学

池田浩士 編・解説　四六判 304 頁　2800 円＋税　ISBN978-4-7554-0205-0

「大逆事件」に関連する文学表現のうち、「事件」の本質に迫るうえで重要と思われる諸作品の画期的なアンソロジー。本書の続編、『甦らぬ朝 「大逆事件」以後の文学』も発売中。